Stephen R. Covey

Das Leitbild deines Lebens

*»Es gibt keinen besseren Weg,
fortlaufend den Geist zu erweitern,
als es sich zur Gewohnheit zu machen,
regelmäßig gute Literatur zu lesen.«*

Stephen R. Covey

Weitere Bücher von Stephen R. Covey

Die 7 Wege zur Effektivität – Kompaktausgabe
978-3-96739-066-7
Die 7 Wege zur Effektivität – Tagebuch
978-3-96739-067-4
Der 8. Weg
978-3-86936-895-5
Die 7 Wege zur Effektivität für starke Familien
978-3-96739-149-7
Die 7 Wege zu glücklichen Beziehungen
978-3-96739-041-4
Die 12 Gründe des Gelingens
978-3-86936-722-4

Stephen R. Covey

Das Leitbild deines Lebens

Sinn finden.
Ziele setzen.
Träume verwirklichen.

GABAL FranklinCovey

Bibliografische Information der Deutschen Nationalbibliothek

Die Deutsche Nationalbibliothek verzeichnet diese Publikation
in der Deutschen Nationalbibliografie; detaillierte bibliografische
Informationen sind im Internet über http://dnb.d-nb.de abrufbar.

ISBN 978-3-96739-143-5

Redaktion und Übersetzung: Claudia Franz, Oberstaufen | info@text-it.org
Content design: Annie Oswald und Kerstin Schlosser
Umschlaggestaltung: Tina Mayer-Lockhoff, Berlin
Titelillustration: PennaPazza / AdobeStock
Satz und Layout: Das Herstellungsbüro, Hamburg | www.buch-herstellungsbuero.de
Druck und Bindung: Salzland Druck, Staßfurt

2. Auflage 2024

Wir drucken in Deutschland.

www.gabal-verlag.de
www.gabal-magazin.de
www.facebook.com/Gabalbuecher
www.twitter.com/gabalbuecher
www.instagram.com/gabalbuecher

PEFC zertifiziert
Dieses Produkt stammt aus nachhaltig bewirtschafteten Wäldern und kontrollierten Quellen.
www.pefc.de

»Wie anders unser Leben doch ist,
wenn wir wirklich wissen,
was uns tief in unserem Herzen
wichtig ist.«

N
E
S

Inhalt

Um dir den Spaß am Lesen nicht zu nehmen und um dir das Textverständnis zu erleichtern, habe ich entweder männliche oder weibliche Formulierungen gewählt. Damit soll das jeweils andere Geschlecht keinesfalls benachteiligt werden. Frauen und Männer mögen sich bitte gleichermaßen angesprochen fühlen.

So findest du den wahren Sinn deines Lebens

Noch nie standen uns so viele Möglichkeiten offen wie heute. Wir können frei wählen, wie wir leben, wen wir heiraten oder welchen Beruf wir ausüben wollen. Das klingt gut, ist aber für viele ein Problem. Zu viele Optionen, zu viele Informationen, zu viel Druck: Immer mehr Menschen haben Angst, die falschen Entscheidungen zu treffen und wichtige Chancen zu verpassen. Was du dagegen tun kannst? **Entwickle dein persönliches Leitbild und finde heraus, was du wirklich aus deinem Leben machen willst!**

Von deinem persönlichen Leitbild geht eine ungeheure Kraft aus. Es verschafft dir Klarheit über den wahren Sinn deines Lebens und gibt dir Sicherheit bei deinen täglichen Entscheidungen. Meine Bitte an dich: Überlass dein Leben nicht länger dem Zufall. Arbeite so lange mit diesem Workbook, bis du dein persönliches Leitbild in den Händen hältst. Mach dir klar: **Von deinem Leitbild hängt alles Weitere in deinem Leben ab.** Also, starte gleich durch. Verschieb es bitte nicht auf morgen. Beginne noch heute mit der Entwicklung deines persönlichen Leitbilds.

Ich wünsche dir viel Spaß und viele spannende Erkenntnisse auf dem Weg zu deinem persönlichen Leitbild!

Sean Covey
Autor des New York Times-Bestsellers
»Die 7 Wege zur Effektivität für Jugendliche«

»Nutze alles, was du in diesem Buch lernst,
um dein Leitbild zu verfassen.
Werde die effektivste Person,
die du im Leben sein kannst.
Deine Effektivität kann die Welt verändern!«

1. Dein Leitbild: Die wichtigste Aufgabe deines Lebens!

Habe ich den richtigen Job? Was ist mit meinem Privatleben? Was will ich wirklich aus meinem Leben machen? Wozu bin ich eigentlich auf dieser Welt? Immer mehr Menschen stellen sich Fragen wie diese. Doch wie bekommt man Antworten? Was kann man tun, um den wahren Sinn seines Lebens zu finden?

Dieses Workbook hilft dir dabei! Hier findest du eine Schritt-für-Schritt-Anleitung zur Entwicklung deines persönlichen Leitbilds. Seite für Seite findest du heraus, was dich antreibt, was du tief in deinem Inneren willst und was dich von Herzen glücklich macht. Am Ende hältst du dein ganz persönliches Leitbild in den Händen.

Was ist ein persönliches Leitbild?

Victor Hugo soll gesagt haben: »Nichts ist mächtiger als eine Idee, deren Zeit gekommen ist«. Ein Leitbild ist so eine Idee. Manche nennen es auch Credo, Lebensphilosophie oder persönliche Verfassung. Aber auf die Bezeichnung kommt es nicht an. Entscheidend ist, dass du dir Gedanken über fünf grundlegende Fragen machst:

- Was ist der einzigartige **Sinn** meines Lebens – mein ganz persönliches **Warum**?
- Wer will ich sein? Welche **Charaktereigenschaften** sind mir wichtig?
- Was will ich tun? Welche **Beiträge** und **Leistungen** will ich in meinem Leben erbringen?

- Auf welchen **Werten** und **Prinzipien** sollen mein Sein und mein Tun beruhen?
- Wie soll mein **Lebenswerk** aussehen? Welches **Vermächtnis** will ich später einmal hinterlassen?

Was bringt dir ein persönliches Leitbild?

Deine Vision, Werte und Prinzipien sind stärker, bedeutsamer und einflussreicher als das Gepäck der Vergangenheit oder der Lärm der Gegenwart. Deshalb ist die Entwicklung eines persönlichen Leitbilds eine der wichtigsten Aufgaben in deinem Leben. Dein Leitbild prägt deine Weltsicht. Es ist die Richtschur für deine Entscheidungen und gibt deinem Leben eine klare Richtung. Mit einem Leitbild reagierst du nicht einfach auf deine Emotionen, die äußeren Umstände oder das Verhalten anderer. Auch wenn du auf Schwierigkeiten triffst, kannst du dich an deinem Leitbild orientieren und pro-aktiv, werteorientiert und prinzipientreu handeln. Kurzum:

Wenn du dich mit deinem Leitbild beschäftigst, wirst du dich weiterentwickeln und positive Veränderungen in deinem Leben anstoßen. Die Arbeit an deinem Leitbild fordert dich dazu heraus, deine Prioritäten gründlich zu überdenken und dein Verhalten mit deinen Werten und Prinzipien in Einklang zu bringen. Sobald du damit beginnst, werden die Menschen in deinem Umfeld erkennen, dass du nicht länger ein Spielball der Dinge bist, die um dich herum geschehen.

Die Arbeit an deinem Leitbild wird dir sehr viel Spaß machen und dir völlig neue Erkenntnisse über dich und dein Leben bringen. Du wirst erstaunt sein, welche bislang unbekannten Seiten du an dir entdecken wirst. Also, mach dich auf den Weg. Nutz dieses Buch als Kompass und Impulsgeber und entdecke dein ganz persönliches Leitbild für dein Leben!

Dein persönliches Leitbild …

… ist der Kompass, der dir den Weg zu einem sinnerfüllten, effektiven und erfolgreichen Leben weist.

… fasst deine Lebensvision kurz und prägnant zusammen.

… veranschaulicht, wer du sein und was du tun willst.

… verdeutlicht, was der wahre Sinn deines Lebens ist.

… beschreibt die Prinzipien und Werte, nach denen du leben willst.

… hilft dir, auch in turbulenten Zeiten auf dem richtigen Kurs zu bleiben.

… zeigt dir, was du jeden Tag tun kannst, um deine Ziele zu erreichen.

… erinnert dich immer daran, was dir wirklich wichtig ist.

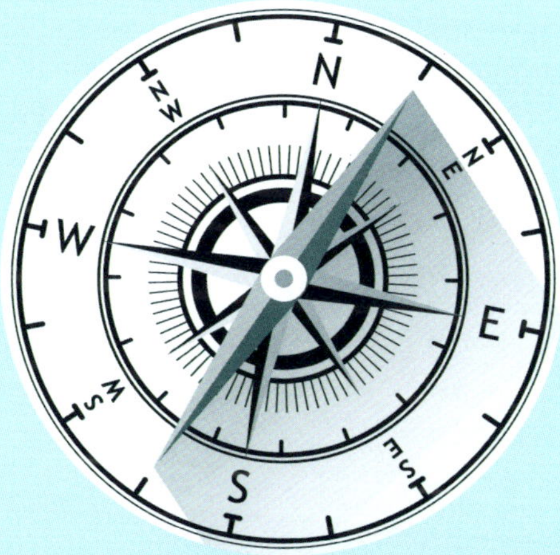

90 Prozent deines Lebens bist du nicht auf Kurs!

Was hast du mit einem Flugzeug gemeinsam? Ihr seid beide 90 Prozent der Zeit nicht auf dem richtigen Kurs:

Ohne Plan und Kurskorrekturen geht es nicht

Bevor die Maschine abhebt, hat der Pilot eine klare Vorstellung vom Ziel und von der Flugroute. Das Flugzeug startet und nimmt Kurs auf sein Ziel. Doch Wind, Regen, Turbulenzen, andere Flugzeuge und viele weitere Faktoren bringen die Maschine immer wieder von ihrem Kurs ab. Die Folge? Das Flugzeug ist mindestens 90 Prozent der Zeit nicht auf Kurs! Schlimm? Nein! Der Pilot prüft ständig, ob die Flugroute noch passt. Er checkt die Instrumente, spricht mit dem Tower und holt sich das Feedback des Fluglotsen. So kann er permanent Kurskorrekturen vornehmen. Am Ende erreicht das Flugzeug dann wie geplant den richtigen Bestimmungsort – und das, obwohl es 90 Prozent der Zeit nicht auf Kurs war.

Genau wie ein Flugzeug hast auch du einen **Bestimmungsort**. Du hast einen wichtigen, bedeutsamen Ort, zu dem es dich zieht. Diesen Ort beschreibst du in deinem Leitbild. Obwohl du vermutlich 90 Prozent der Zeit nicht auf Kurs sein wirst, gibt dir dein Leitbild Orientierung, Halt und Hoffnung. Es hilft dir, immer wieder auf deinen Kurs zurückzukehren.

**Das ist das Geheimnis deines Leitbilds:
Es bringt dich zurück auf Kurs. Immer wieder. Und wieder. Und wieder …**

Steht deine Leiter an der richtigen Mauer?

Damit du deine Lebensvision verwirklichen kannst, musst du regelmäßig überprüfen, ob du noch auf Kurs bist. Das ist allerdings leichter gesagt als getan. Ein Pilot hat eine Menge Instrumente, mit denen er seinen Kurs checken kann. Zudem zeigen ihm Warnlampen und Alarmtöne sofort, wenn er von der geplanten Flugroute abweicht. Und dann sind da auch noch der Tower und die Fluglotsen, die den Piloten darauf hinweisen, dass die Maschine nicht auf Kurs ist. Im echten Leben ist das nicht so leicht:

**»Viele arbeiten härter und härter,
um die nächste Sprosse
auf der Erfolgsleiter zu erklimmen –
nur um irgendwann festzustellen,
dass die Leiter an der falschen Mauer lehnt.«**

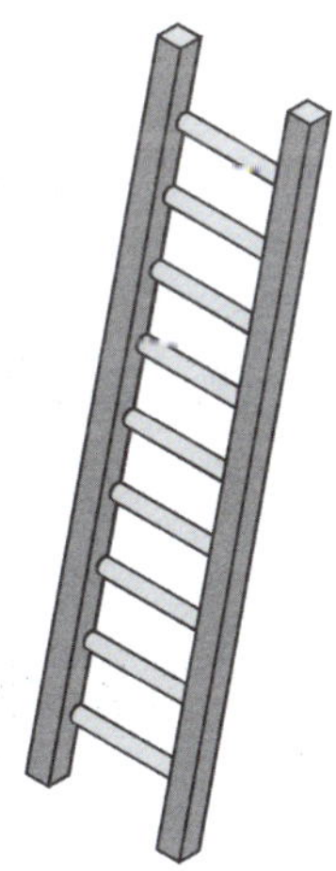

Wenn die Leiter an der falschen Mauer lehnt, bringt dich jeder Schritt nur noch schneller an den falschen Ort. Du kommst deinem Bestimmungsort nicht näher. Im Gegenteil: Du entfernst dich immer weiter davon! Deshalb mach den Leiter-Test. Überleg dir, ob deine Leiter tatsächlich an der richtigen Mauer lehnt. Denk gut über die Fragen auf der nächsten Seite nach und schreib deine Antworten gleich auf.

Der Leiter-Test

Bist du sicher, dass deine Leiter an der richtigen Mauer lehnt?

Ja, weil

Nein, weil

Hast du deine Leiter in letzter Zeit bewegt?

Ist es möglicherweise an der Zeit, deine Leiter zu verstellen? Warum?

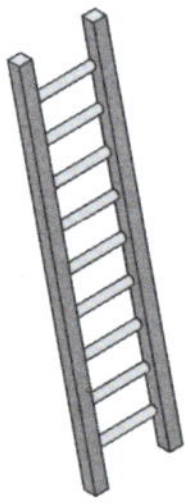

2.

Schon am Anfang das Ende im Sinn haben

Wenn du dein Leitbild entwickelst, sorgst du dafür, dass deine Leiter an der richtigen Mauer lehnt. Ab sofort übernimmst du das Steuerrad deines Lebens. Du bestimmst den Kurs und die Richtung. Dann gilt: Du hast schon am Anfang das Ende im Sinn. Vielleicht hast du mein Buch »Die 7 Wege zur Effektivität« gelesen? Dann ist dir wahrscheinlich schon aufgefallen, dass wir jetzt über den 2. Weg sprechen. Bevor es losgeht, kommt hier ein kurzer Überblick über die 7 Wege für dich.

▶ Kurzüberblick: Die 7 Wege zur Effektivität

1. Weg: Pro-aktiv sein
Sei kein Opfer deiner Gene, der äußeren Umstände oder der Launen anderer Leute. Nimm dein Leben selbst in die Hand.

2. Weg: Schon am Anfang das Ende im Sinn haben
Was willst du aus deinem Leben machen? Welches Vermächtnis willst du später einmal hinterlassen? Entwickle dein Leitbild und stell die Weichen auf Erfolg.

3. Weg: Das Wichtigste zuerst tun
Setz Schwerpunkte. Sag Nein zu unwichtigen Dingen. Lass dich nicht von anderen unter Druck setzen. Tu das, worauf es dir wirklich ankommt.

4. Weg: **Win-Win denken**
Vergiss Konkurrenz, Neid und Mangel-Denken. Schließ Win-Win-Vereinbarungen. Sorg dafür, dass am Ende alle als Gewinner vom Platz gehen.

5. Weg: **Erst verstehen, dann verstanden werden**
Werde ein Meister im Zuhören. Finde heraus, was der andere tatsächlich denkt und fühlt. Hör genau zu – und heb deine Beziehungen auf ein völlig neues Level.

6. Weg: **Synergien schaffen**
Gleichheit ist unkreativ und langweilig. Schätz und nutz Unterschiede. Lern von anderen. Profitier von ihrem Wissen, ihrer Erfahrung und ihren Stärken.

7. Weg: **Die Säge schärfen**
Gönne dir Zeit für dich und die schönen Dinge des Lebens – ohne schlechtes Gewissen. Achte gut auf dich und deine Lieben. Lade deine Akkus regelmäßig auf.

BUCHTIPP: Falls du **»Die 7 Wege zur Effektivität«** noch nicht gelesen hast, dann empfehle ich dir die Kompaktausgabe aus dem GABAL Verlag. Mehr erfährst du unter: **www.stephen-covey.de**

Alles wird zweimal geschaffen

Schon am Anfang das Ende im Sinn haben: Der 2. Weg beruht auf dem **Prinzip**, dass alles zweimal geschaffen wird:

1. Mental: in deiner Vorstellung.
2. Physisch: in der Realität.

Vielleicht ist es dir gar nicht bewusst, aber du machst das andauernd:

- Du schreibst eine Einkaufsliste, bevor du in den Supermarkt gehst.
- Du liest ein Rezept, bevor du einen Kuchen backst.
- Du machst dir ein Konzept, bevor du eine Präsentation hältst.
- Und deinen Urlaub planst du oft wochenlang, bevor du ihn antrittst.

Alles zweimal schaffen – das gehört einfach zum Leben dazu. Aber was bedeutet das konkret für dich und dein Leben? Das kannst du gut mit einem Puzzle vergleichen:

Das Puzzle deines Lebens

Du schüttest die 1000 Teile auf den Tisch. Dann drehst du den Deckel des Kartons um. Denn du willst sehen, was du zusammenbauen sollst. Aber da ist kein Bild! Wie sollst du ein Puzzle machen, ohne zu wissen, wie es aussieht? Wenn du doch nur ganz kurz das Motiv sehen könntest! Das würde ja schon ausreichen. So aber hast du nicht den geringsten Anhaltspunkt, wo du überhaupt anfangen sollst.

Jetzt stell dir bitte vor, dein Leben wäre auch ein Puzzle. Hast du eine Idee, wie das fertige Puzzle aussehen soll? Hast du ein klares Bild von deinem Leben? Hast du das Ende im Sinn?

Mach dein Leben zum Meisterwerk

Stell dir vor, dein Leben ist ein Gemälde und du bist der Künstler. Du kannst das Gemälde nach Herzenslust gestalten. Was würdest du malen?

....

....

....

ES IST DEIN LEBEN –
MACH ES
ZU EINEM MEISTERWERK!

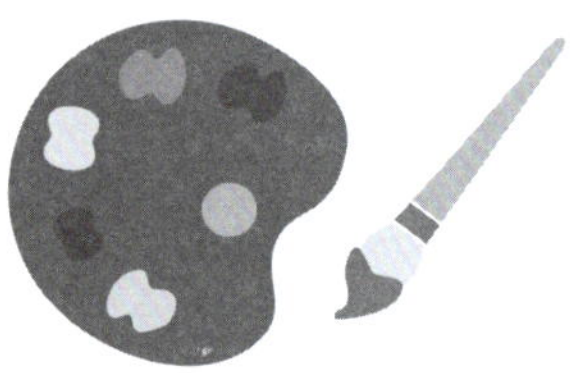

Wohin soll die Reise deines Lebens gehen?

Wenn du schon am Anfang das Ende im Sinn hast, hilft dir das herauszufinden, wohin die Reise deines Lebens gehen soll. Es ist wie beim Bau eines Hauses:

Erst planen, dann bauen!

Vor dem ersten Spatenstich entsteht jedes Detail vor deinem geistigen Auge. Zunächst machst du dir eine klare Vorstellung davon, was für ein Haus du haben willst. Soll es ein kuschliges Heim für zwei sein? Möchtest du arbeiten und wohnen verbinden? Träumst du von einem riesigen Garten? Oder willst du ein Haus mit viel Platz für deine Familie? Wenn du ein Haus für deine Familie bauen willst, gestaltest du das Wohnzimmer so, dass es zum Treffpunkt für Groß und Klein wird. Zudem planst du ein Spielzimmer für deine Kinder und eine Grillecke im Garten. Du nutzt deine Vorstellungskraft so lange, bis du ein konkretes Bild davon hast, wie das Traumhaus für dich und deine Lieben aussehen soll. Dieses Bild überträgst du dann auf einen Bauplan. Erst wenn du alles sorgfältig geplant hast, beginnen die eigentlichen Bauarbeiten.

Was aber, wenn du die Planungsphase einfach überspringst? Wenn du direkt mit dem Bauen beginnst? Dann musst du später viele Veränderungen und Korrekturen vornehmen. Das kostet jede Menge Zeit und Geld. Die Devise des Zimmermanns lautet: »Zweimal messen, einmal sägen.« Das heißt: Du musst sicher sein, dass deine erste Schöpfung, dein Bauplan, tatsächlich das ist, was du willst. Erst nachdem du alles genau durchdacht hast, kannst du deinen Plan in die Realität umsetzen. Zudem ist es wichtig, dass du diesen Plan während der Bauphase jeden Tag im Blick hast. So weißt du immer ganz genau, was gerade zu tun ist. Du hast schon am Anfang das Ende im Sinn.

Warum der 2. Weg so wichtig ist

Schon am Anfang das Ende im Sinn haben: Wie wichtig der 2. Weg ist, zeigt die folgenden Geschichte, die mir meine Freundin Annie erzählt hat:

Am Community College

»Ich gab viele Jahre lang Kurse an einem Community College. Dabei arbeitete ich auch mit den 7 Wegen. Es war eine geradezu unglaubliche Erfahrung, den teilweise sehr jungen, teilweise eher älteren und teilweise sehr untypischen Studenten etwas über die Kraft von Gewohnheiten, Zielen und Prinzipien beizubringen. Als ihre Dozentin, Mentorin und Freundin war ich sehr gespannt, welche Wirkung die 7 Wege auf die Studenten hatten. Ganz besonders interessierte mich, was meine Studenten am meisten zum Nachdenken angeregt hatte. Zudem wollte ich gerne wissen, was für sie der größte Gewinn an meinem Kurs war. Deshalb habe ich eine ›Bonusfrage‹ in den Abschlusstests geschmuggelt. Die Bonusfrage lautete:

›Welcher der 7 Wege zur Effektivität ist der wichtigste für dich – und warum?‹

Die Antworten meiner Studenten auf die Bonusfrage haben mich wirklich überrascht. Fast alle hatten sich für den 2. Weg entschieden: ›Schon am Anfang das Ende im Sinn haben.‹ Warum war das für die Studenten so wichtig? Die Gründe, die sie dafür nannten, waren unterschiedlich. Dennoch gab es eine klare Tendenz: Die meisten Studenten hatten mithilfe des 2. Weges zum ersten Mal in ihrem Leben einen klaren Kurs für ihre Zukunft abgesteckt. Zu Beginn des Semesters hatten nur sehr wenige eine ungefähre Vorstellung davon, wie ihr Leben später einmal aussehen sollte. Ihnen war überhaupt nicht klar gewesen, was sie nach dem College studieren und welchen Beruf sie später einmal ergreifen wollten. Viele waren nur auf dem College, weil es von ihnen erwartet wurde oder weil sie einfach nicht wussten, was sie stattdessen machen sollten. Als ich die Antworten auf die Bonusfrage las, wurde mir bewusst:

Fast alle meiner Studenten hatten am Beginn ihrer College-Zeit keinen Lebensvision – keinen Lebenssinn, der sie antrieb; keinen Beitrag, den sie leisten wollten. Doch am Ende des Semesters sagten meine Studenten einhellig dasselbe: ›Der 2. Weg hat mir die Augen geöffnet. JETZT weiß ich endlich, was der Sinn und der Zweck meines Lebens ist.‹

Warum mich das so überrascht hat? Wahrscheinlich lag es daran, dass ich mir schon sehr früh darüber im Klaren war, was meine wichtigsten Ziele im Leben sind. Ich weiß nicht, wer oder was mich dazu gebracht hat, mich auf meine Lebensvision und meine Ziele zu fokussieren. Aber ich habe es getan und bin davon ausgegangen, dass alle anderen das ebenfalls machen.«

Lebst du oder wirst du gelebt?

Wenn du keinen Plan für dein Leben hast, legst du das Steuerruder aus der Hand. Schlimmer noch: Du lässt zu, dass andere Menschen und äußere Umstände weite Teile deines Lebens kontrollieren. Du verhältst dich *re-aktiv* und tust das, was andere von dir erwarten und dir vorgeben. Die anderen bestimmen, welchen Weg du einschlägst. Dein Leben wird von anderen Menschen geprägt und nicht von deinen Werten und Prinzipien. Das ist in etwa so, als ob ein anderer dein Leitbild geschrieben hätte und du gedankenlos einem Skript folgen würdest, das man dir einfach in die Hand gedrückt hat. In dem Fall lebst du nicht. *Du wirst gelebt*. Oder anders ausgedrückt:

Du bist entweder das Resultat deines eigenen pro-aktiven Lebensentwurfs oder das Resultat äußerer Umstände, anderer Menschen, fremder Terminkalender oder früherer Erfahrungen.

***»Welchen Weg muss ich nehmen?«*, fragte Alice die Grinsekatze.**

***»Das kommt ganz darauf an, wohin du willst«*, erwiderte die Katze.**

***»Das weiß ich nicht«*, sagte Alice.**

***»Dann ist es völlig egal, welchen Weg du nimmst«*, antwortete die Grinsekatze.**

Aus: »Alice im Wunderland« von Lewis Carroll

Herzlichen Glückwunsch!

Bitte such dir für die Lektüre der nächsten Seiten einen ruhigen, ungestörten Platz. Mach es dir gemütlich und konzentrier dich nur auf das, was du liest. Streich alles andere aus deinem Kopf. Lass deiner Fantasie freien Lauf und mal dir Folgendes bis ins kleinste Detail vor deinem geistigen Auge aus:

Feier dein Leben!

Heute ist dein 80. Geburtstag – und du feierst mit den Menschen, die dir lieb und teuer sind.

Stell dir die strahlenden Gesichter deiner Familienangehörigen, deiner Freunde, deiner ehemaligen Kollegen und Wegbegleiter vor. Sie alle sind gekommen, um dir zu gratulieren. Nach dem Festschmaus sitzen alle Gäste glücklich und zufrieden zusammen. Jetzt wollen vier der Gratulanten eine Rede zu deinen Ehren halten:

- Der erste Redner ist jemand aus deiner **Familie** – jemand aus dem Kreis deiner Kinder, Brüder, Schwestern, Nichten, Neffen, Tanten, Onkel, Cousinen und Cousins, die aus dem ganzen Land angereist sind, um deinen Geburtstag mit dir zu feiern.
- Der zweite Redner ist einer deiner **Freunde** – jemand, der einen Eindruck davon vermitteln kann, wie du als Mensch bist.
- Redner Nummer drei stammt aus deinem beruflichen Umfeld – ein **Kollege**, mit dem du lange zusammengearbeitet hast.
- Der vierte Redner ist ein guter **Bekannter**. Er kommt aus einer Organisation – beispielsweise aus einem Verein, für den du dich ehrenamtlich engagierst.

Bitte denk intensiv über folgende Fragen nach:

- Was würdest du von jedem der Redner gern über dich und dein Leben hören?
- Welche Art von Partner oder Partnerin, Vater oder Mutter soll beschrieben werden?
- Welche Art von Sohn, Tochter, Cousine oder Cousin?
- Welche Art von Freund oder Freundin?
- Welche Art von Kollege oder Kollegin?
- Über welche Persönlichkeit und über welchen Charakter sollen die Redner berichten?
- An welche deiner Beiträge und Leistungen sollen die Redner besonders erinnern? Was hättest du gern zu ihrem Leben beigetragen? Welches Vermächtnis willst du hinterlassen?

Lies jetzt bitte nicht einfach weiter. Nimm dir ausreichend Zeit, um intensiv über die Fragen oben nachzudenken und deine Eindrücke zu notieren. Schreib auf den nächsten beiden Seiten alles auf, was dir spontan dazu einfällt. Stichworte genügen.

»Hast du dich je gefragt, wofür all das, was du tust, am Ende gut sein soll?«

Die vier Geburtstagsreden

Deine Familie sagt über dich:

....

....

....

....

....

Deine Freunde sagen:

....

....

....

....

....

☞

Deine Kollegen sagen:

Deine Bekannten sagen:

3. Das Zentrum deines Lebens

Hast du dir gut überlegt, was die vier Redner auf deiner Geburtstagsparty über dich sagen sollen? Die vier Geburtstagsreden zeigen, was dir wirklich wichtig ist. Zudem geben sie dir wertvolle Hinweise auf deine **Lebenszentren**. Was es mit den Lebenszentren auf sich hat? Ob bewusst oder unbewusst: Jeder von uns hat ein bestimmtes Zentrum in seinem Leben. Hier sind einige typische Beispiele:

Partner

Eine Ehe oder Partnerschaft kann die intensivste und schönste aller menschlichen Beziehungen sein. Da liegt es nahe, auf seinen Partner zentriert zu sein. Doch das ist keine gute Idee: Fast alle partnerzentrierten Beziehungen sind durch eine starke emotionale Abhängigkeit geprägt. Unser Selbstwertgefühl hängt vom Verhalten, den Gefühlen und den Launen unseres Partners ab. Das macht uns unsicher und verletzlich.

Familie

Liebe, Geborgenheit oder Gemeinsamkeit – die Familie bietet vieles, was das Leben lohnenswert macht. Doch: Familienzentrierte Menschen beziehen ihre Sicherheit und ihr Selbstwertgefühl aus der Tradition, der Kultur oder dem Ruf ihrer Familie. Daher werden sie durch alle Veränderungen und Einflüsse, die diese Dinge betreffen, verwundbar.

Geld

Geldzentrierte Menschen schieben ihre Familie und andere Prioritäten oft beiseite. Dann werden scheinbar gute Gründe fürs Geldverdienen genannt – zum Beispiel der Wunsch, bestmöglich für seine Familie sorgen zu können. Natürlich ist das wichtig. Doch wer das Geld ins Zentrum seines Lebens stellt, vernachlässigt die Menschen und die Dinge, die wirklich wichtig sind.

Arbeit

Arbeitszentrierte Menschen können Workaholics werden. Häufig opfern sie ihre Freizeit, ihre Gesundheit oder ihre Beziehungen für ihre Arbeit. Sie definieren sich über ihren Beruf: »Ich bin Manager …«, »Ich bin Beraterin …«, »Ich bin Verkäufer …«, »Ich bin Abteilungsleiterin …«. Das führt dazu, dass sie in den anderen Lebensbereichen meist sehr ineffektiv sind.

Besitz

Für viele Menschen ist Besitz einer der größten Antriebsmotoren. Dabei geht es nicht nur um materielle Dinge wie ein Haus, ein Auto, ein Boot, Schmuck oder Designerklamotten. Auch immaterielle Dinge wie Ruhm, Bekanntheit oder gesellschaftliche Anerkennung spielen eine Rolle. Die meisten von uns wissen aus eigener Erfahrung, wie instabil ein solches Zentrum ist. Es wird von so vielen äußeren Umständen beeinflusst, dass es sich sehr schnell in Luft auflösen kann.

Vergnügen

Heute können wir uns viele Wünsche sofort erfüllen – und wir werden permanent dazu ermutigt. Internet, Social Media und Co. zeigen mit bunten Bildern, was andere alles haben und tun können. Doch Spaß und Vergnügen bringen kein tiefes, dauerhaftes Gefühl der Erfüllung. Vergnügungszentrierte Menschen sind schnell gelangweilt. Sie wollen immer mehr. Ständig sind sie auf der Suche nach dem nächsten, noch größeren Gefühls- und Glücksrausch. Sie merken nicht, dass sie ihr Leben mit belanglosen Dingen verschwenden.

Freundschaft

Vor allem junge Leute neigen zur Freundschaftszentriertheit. Akzeptiert zu werden und zu einer Gruppe von Gleichaltrigen zu gehören, kann so wichtig werden, dass sonst fast nichts mehr zählt. Sie sind geradezu süchtig nach sozialer Anerkennung. Doch so entsteht eine starke Abhängigkeit von den Launen, Gefühlen, Einstellungen und Verhaltensweisen anderer.

Feindschaft

Feindschaftszentriertheit entsteht oft, wenn jemand sich von einer nahestehenden Person ungerecht behandelt fühlt. Das kann man beispielsweise bei geschiedenen Paaren beobachten. Viele sind voller Wut und Bitterkeit im Hinblick auf ihren Ex-Partner. Im Geiste sind sie weiter verheiratet: Jeder versucht, dem anderen die Schuld für das Scheitern der Beziehung in die Schuhe zu schieben. Sie machen sich gegenseitig das Leben schwer. Aber so lasten die Schatten der Vergangenheit auf beiden Ex-Partnern.

Ich

Das häufigste Zentrum ist wahrscheinlich das eigene Ich. Hier zeigt sich die offensichtlichste Form der Selbstsucht. Ichzentriertheit verstößt gegen die Werte der meisten Menschen. Dennoch glauben viele, dass sich die Welt nur um sie und ihre Probleme dreht. Sie sind so sehr mit sich selbst beschäftigt, dass sie die Menschen um sich herum kaum noch wahrnehmen.

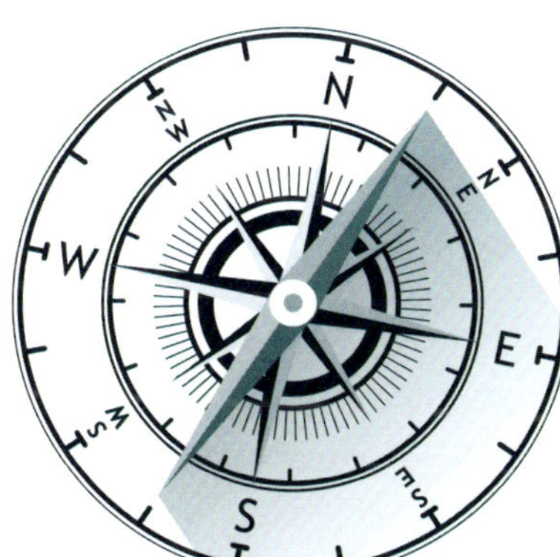

Wie wirst du dich entscheiden?

Willst du wissen, wie sehr die verschiedenen Lebenszentren unsere Entscheidungen beeinflussen? Dann lass uns jetzt ein konkretes Problem aus dem Blickwinkel verschiedener Zentren betrachten: Stell dir vor, du hast deinen Partner heute Abend ins Konzert eingeladen. Es ist 16.30 Uhr. Du willst dich gerade auf den Nachhauseweg machen. Da ruft deine Chefin an. Sie sagt, dass sie heute Abend dringend deine Hilfe braucht, um ein wichtiges Meeting vorzubereiten. Was tust du jetzt? Überstunden oder Konzert? Deine Entscheidung hängt davon ab, was im Zentrum deines Lebens steht:

Partner

Ist dein Partner dein Lebenszentrum? Dann wirst du alles tun, um ihn nicht zu enttäuschen. Du sagst deiner Chefin, dass du leider nicht länger arbeiten kannst, und gehst mit deinem Partner ins Konzert.

Familie

Falls du familienzentriert bist, wirst du dich gegen die Überstunden entscheiden. Du willst deinen Partner nicht vor den Kopf stoßen. Du weißt: Wenn der Haussegen schiefhängt, belastet das auch das Familienleben.

Geld

Wenn Geld im Zentrum deines Lebens steht, denkst du vor allem an den zusätzlichen Lohn für die Überstunden und die Aussicht auf eine Gehaltserhöhung wegen deines großen Engagements. Also rufst du deinen Partner an und sagst ihm, dass du den Konzertbesuch absagen musst. Du gehst davon aus, dass er verstehen wird, dass wirtschaftliche Fragen an erster Stelle stehen.

Arbeit

Ist die Arbeit das Zentrum deines Lebens? Dann siehst du die mit den Überstunden verbundenen Möglichkeiten: Du kannst Pluspunkte bei deiner Chefin sammeln und deine Karriere voranbringen. Es macht dir Spaß zu beweisen, was für eine tolle Arbeit du leistest und wie engagiert du bist. Dein Partner sollte stolz auf dich sein!

Besitz

Wenn du besitzorientiert bist, denkst du an all die Dinge, die du dir dank der bezahlten Überstunden kaufen kannst. Du bist sicher, dass auch dein Partner davon profitieren wird. Deshalb bleibst du länger im Büro und verzichtest auf den Konzertbesuch.

Vergnügen

Steht das Vergnügen im Zentrum deines Lebens? Dann wirst du die Arbeit einfach liegen lassen. Schließlich hast du es dir verdient, mal wieder so richtig schick auszugehen!

Freundschaft

Bist du freundschaftsorientiert? Falls du neben deinem Partner auch Freunde ins Konzert eingeladen hast, wirst du keine Überstunden machen. Und wenn deine Freunde auch länger im Büro bleiben? Dann wirst du das Konzert absagen und gemeinsam mit deinen Freunden eine Extraschicht einlegen.

Feindschaft

Wenn du feindschaftsorientiert bist, bleibst du besonders lange. Schließlich weißt du, dass dir das einen großen Vorteil gegenüber deinem ungeliebten Kollegen verschafft. Während er sich amüsiert, wirst du dich abrackern. Du wirst allen beweisen, dass nicht er, sondern du ein großer Gewinn für die Firma bist.

Ich

Falls du ichorientiert bist, wirst du das tun, was am besten für dich ist. Deshalb überlegst du: Ist es besser für dich, abends mit deinem Partner auszugehen? Oder ist es besser, bei deiner Chefin ein paar Pluspunkte zu sammeln?

Hast du gesehen, welchen Einfluss die verschieden Zentren auf deine Entscheidung haben? Dann lass uns jetzt gemeinsam herausfinden, was dein Lebenszentrum ist.

Was ist dein Lebenszentrum?

Oft ist es viel einfacher, das Zentrum einer anderen Person zu erkennen als das eigene. Wahrscheinlich kennst du jemanden, der das Geldverdienen über alles andere stellt. Oder jemanden, der im Dauerkonflikt mit seinem Ex-Partner steckt. Aber was ist mit dir? Was ist das Zentrum deines Lebens? Finde es heraus. Geh die Zentren unten in Ruhe durch. Markiere dann das Zentrum deines Lebens. Vielleicht hast du ja auch ein ganz anderes Zentrum? Dann trag es in einen der leeren Kreise ein und markiere es. Übrigens: Es kann durchaus sein, dass du mehrere Lebenszentren hast. Ist das der Fall? Dann markiere einfach mehrere Zentren.

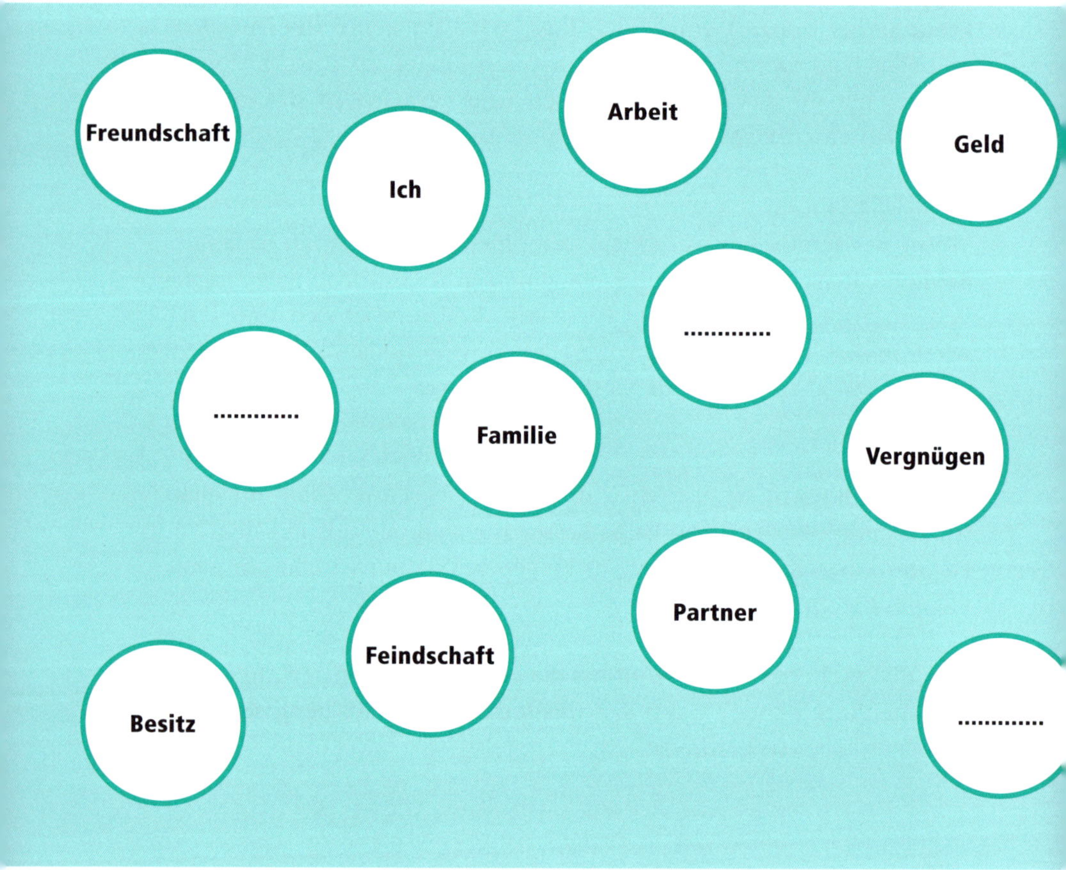

Ist dein Leben eine Achterbahnfahrt?

Hast du Klarheit über dein Lebenszentrum gewonnen? Hast du ein einziges Zentrum? Oder mehrere? Viele Menschen springen auch von einem Zentrum zum nächsten. Woran das liegt? Oft sind wir ein **Spielball** der verschiedenen Einflüsse in unserem Leben. Mit Blick auf die aktuellen Umstände wird ein bestimmtes Zentrum aktiviert. Sobald die Bedürfnisse, die diesem Zentrum zugrunde liegen, erfüllt sind, wird ein anderes zur treibenden Kraft. Doch so gleicht dein Leben einer Achterbahnfahrt. Denn:

Voraussetzung für ein effektives, erfolgreiches und sinnerfülltes Leben ist ein stabiles Zentrum.

Ein Zentrum, das dir ein hohes Maß an Sicherheit, Orientierung, Einsicht und Kraft gibt. Ein Zentrum, das dein Selbstvertrauen stärkt, deine Pro-Aktivität steigert und für Ausgeglichenheit in deinem Leben sorgt. Die gute Nachricht? Dieses Zentrum gibt es! Es wird von **allgemeingültigen, grundlegenden Prinzipien** gebildet:

- Sie sind beständig.
- Sie werden nicht wütend und behandeln uns nicht aus heiterem Himmel völlig anders als bisher.
- Sie pflastern unseren Weg nicht mit Abkürzungen und Patentlösungen.
- Sie hängen nicht vom Verhalten anderer, unserer Umgebung oder irgendwelchen Modeerscheinungen ab.
- Sie sind nicht an einem Tag da und am nächsten einfach weg. Wir können uns fest auf sie verlassen!

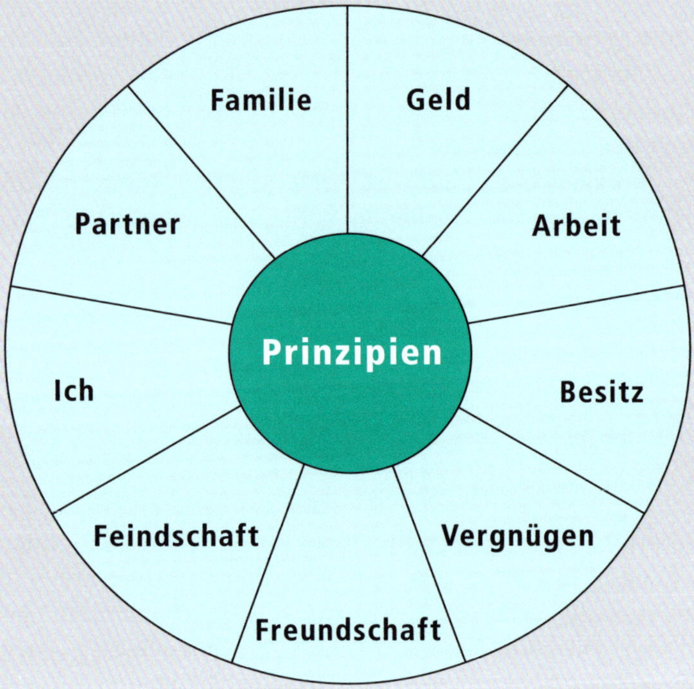

SELBSTTEST: Weitere Informationen und einen ausführlichen Selbsttest zum Thema Lebenszentrum findest du in meinem Buch **»Die 7 Wege zur Effektivität – Kompaktausgabe«**. Mehr dazu erfährst du unter: **www.stephen-covey.de**.

4. Prinzipien machen den Unterschied

Wir alle kennen die Auswirkungen der Schwerkraft. Wenn du einen Ball hoch in die Luft wirfst, kommt er wieder runter. Das ist ein **Naturgesetz**, ein Prinzip. Nicht nur die Welt der Physik wird von Prinzipien beherrscht, sondern auch das menschliche Zusammenleben. Prinzipien gelten für jeden von uns – immer und überall. Da gibt es keine Ausnahme. Beispiele für Prinzipien sind Ehrlichkeit, Liebe, Fleiß, Fairness, Respekt, Dankbarkeit, Bescheidenheit, Gerechtigkeit, Integrität, Loyalität oder Verantwortungsbewusstsein und Engagement für andere. Das sind allerdings nur einige Prinzipien – es gibt Dutzende und Aberdutzende. Prinzipien sind nicht schwer zu erkennen:

Wie ein Kompass immer in Richtung des magnetischen Nordpols zeigt, so weißt du tief in deinem Inneren, was ein Prinzip ist.

Prinzipien entscheiden über unser Wachstum, über unseren Erfolg und über unser Glück. Im Grunde kann man nicht gegen Prinzipien argumentieren. Sie lassen sich nicht widerlegen oder relativieren. Stell dir bitte einfach mal Folgendes vor: Wie wäre es, ein Leben zu führen, das auf den Gegensätzen von Prinzipien beruht? Wer würde Ungerechtigkeit, Betrug, Mittelmäßigkeit oder Rückschritt ernsthaft als Grundlage für anhaltendes Glück und dauerhaften Erfolg betrachten?

▶ Prinzipien bringen dir viele Vorteile!

Wenn du zeitlose, allgemeingültige Prinzipien zum Zentrum deines Lebens machst:

- legst du die Grundlage für beständiges Wachstum und positive persönliche Weiterentwicklung.
- lässt du nicht zu, dass äußere Umstände oder andere Leute über dein Leben bestimmen. Stattdessen triffst du deine Entscheidungen pro-aktiv, bewusst und selbstbestimmt.
- kannst du dich darauf verlassen, dass du klar vorhersagbare, nachhaltige Ergebnisse erzielen wirst.
- sorgst du dafür, dass du die Ziele erreichen wirst, die auf lange Sicht entscheidend für dich sind.

Du siehst: Es lohnt sich, wenn du zeitlose, allgemeingültige Prinzipien zum Zentrum deines Lebens machst. Dadurch wird vieles einfacher und leichter. Denn:

Im Gegensatz zu allen anderen Lebenszentren werden deine Prinzipien dich niemals im Stich lassen. Prinzipien werden nie hinter deinem Rücken über dich herfallen oder einfach aufstehen und gehen. Sie werden niemanden aufgrund seiner Herkunft, seines Bankkontos oder seines Aussehens bevorzugen.

Prinzipien sind unerschütterlich und unbestechlich.

Finde deine Lebensprinzipien

Prinzipien sind die stabilste, unerschütterlichste Grundlage, auf der du dein Leben aufbauen kannst. Aber welche Prinzipien sind dir wichtig? Bitte kreuz die entsprechenden Prinzipien im Kasten unten an:

Mut ◯ Kreativität ◯ Liebe ◯ Ethik ◯
Lebensbalance ◯ Sorgfalt ◯ Fröhlichkeit ◯ Geduld ◯
Kommunikation ◯ Loyalität ◯ Effektivität ◯
Mitgefühl ◯ Vertrauen ◯ Exzellenz ◯ Umweltschutz ◯
Fleiß ◯ Zufriedenheit ◯ Gleichberechtigung ◯
Professionalität ◯ Freiheit ◯ Bescheidenheit ◯
Leistungsbereitschaft ◯ Fairness ◯ Lernen ◯
Gemeinschaftssinn ◯ Nächstenliebe ◯ Zuverlässigkeit ◯
Stärke ◯ Achtsamkeit ◯ Gerechtigkeit ◯
Kooperation ◯ Optimismus ◯ Verständnis ◯
Respekt ◯ Integrität ◯ Wachstum ◯ Güte ◯
Humor ◯ Spiritualität ◯ Teamgeist ◯
Verantwortungsbewusstsein ◯ Lernen ◯ Freundschaft ◯
Motivation ◯ Lebenssinn ◯ Demut ◯
Weiterentwicklung ◯ Großzügigkeit ◯ Harmonie ◯
Offenheit ◯ Wertschätzung

Fallen dir noch weitere Prinzipien ein? Dann schreib sie gleich auf:

____

____

____

Welche Prinzipien liegen dir besonders am Herzen?

Hast du viele Prinzipien gefunden, die dir wichtig sind? Dann entscheide jetzt, welche dieser Prinzipien in Zukunft im Zentrum deines Lebens stehen sollen. Achte bitte darauf, dass du dich nicht übernimmst. Wähl nur die Prinzipien aus, die dir besonders am Herzen liegen:

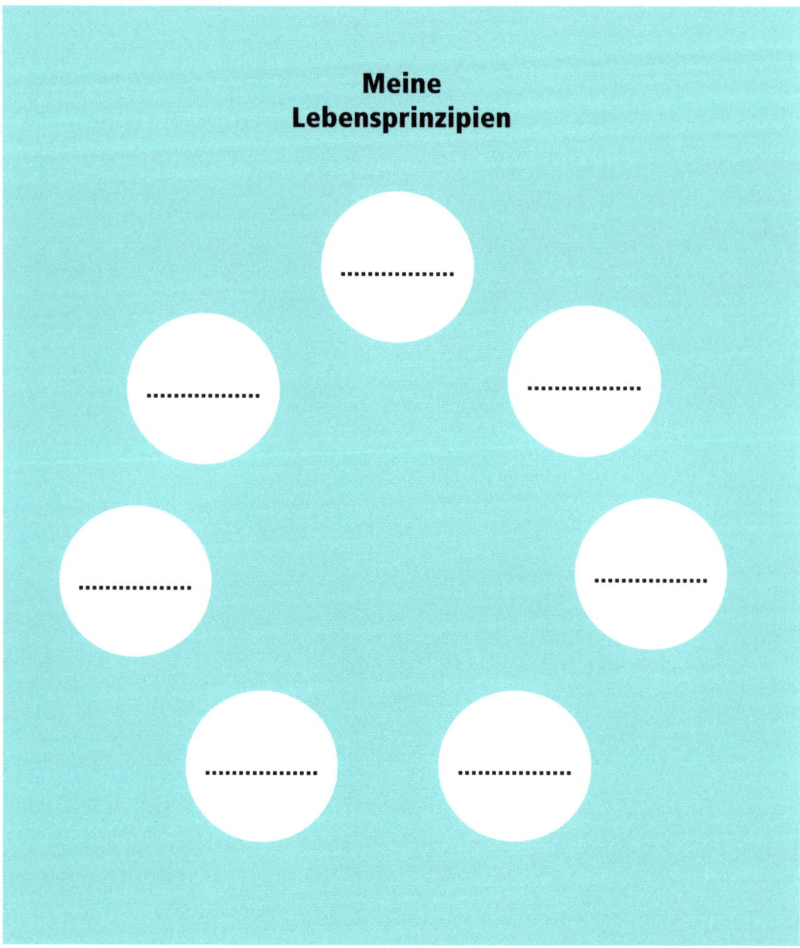

5. Deine Rollen und deine Ziele

Damit du deine Prinzipien tatsächlich umsetzen kannst, ist es hilfreich, einen Blick auf deine **Lebensrollen** zu werfen. Wir alle füllen verschiedene Rollen aus. Das gilt natürlich auch für dich. Bitte sieh dir die Rollen in dem Kasten unten einmal näher an. Kreuz dann alle Rollen an, die du im Leben hast:

Partnerin oder Partner ○ Tochter oder Sohn ○
Vater oder Mutter ○ Schwester oder Bruder ○
Familienmanager oder Familienmanagerin ○
Patentante oder Patenonkel ○ Freundin oder Freund ○
Nachbar oder Nachbarin ○
Gemeinde- oder Vereinsmitglied ○
Freizeitsportler oder Freizeitsportlerin ○
Hautierhalterin oder Haustierhalter ○ Führungskraft ○
Mitarbeiterin oder Mitarbeiter ○ Kollege oder Kollegin ○
Unternehmerin oder Unternehmer ○

Hast du alle deine Rollen angekreuzt? Sicher gibt es noch weitere Rollen, die du ausfüllst. Bitte notier diese Rollen gleich hier:

Haupt- oder Nebenrolle?

Wenn man sich mit seinen Lebensrollen befasst, stellt man schnell fest: Das sind ziemlich viele! Genau das macht uns oft Schwierigkeiten. Wir können nicht allen Rollen gleichermaßen gerecht werden. Häufig gewinnt eine Rolle die Überhand. Bei vielen ist das der Beruf. Sie ordnen alles der Arbeit unter. Familie, Freunde, Beziehungen, Hobbys, Gesundheit und vieles andere bleibt auf der Strecke. Die **Ausgewogenheit**, die für ein effektives, erfolgreiches und sinnerfülltes Leben nötig ist, geht verloren. Und wie sieht es bei dir aus? Gibt es Rollen, die dich komplett vereinnahmen? Vernachlässigst du ihretwegen andere Schlüsselrollen?

Rollen, die dich stark vereinnahmen:

....

....

....

....

....

....

Rollen, die du vernachlässigst:

Welche wichtige Rolle in deinem Leben sollte auf keinen Fall ins Hintertreffen geraten?

Deine 7 Hauptrollen

Wenn es um deine Lebensrollen geht, lautet das Motto: **»Weniger ist mehr!«** Es bringt nichts, zu versuchen, unzähligen Lebensrollen gleichzeitig gerecht zu werden. Damit tust du weder dir noch anderen einen Gefallen. Denk in Ruhe über deine Lebensrollen nach. Entscheide dich dann bewusst für oder gegen eine Rolle. Am Ende sollten höchsten 7 Hauptrollen in den Kästen unten stehen. Natürlich kannst du auch mehrere Rollen unter einem Oberbegriff zusammenfassen. Das solltest du aber nur tun, wenn du diese Rollen tatsächlich unter einen Hut bekommst.

Was sind deine langfristigen Ziele?

Hast du deine 7 Hauptrollen ermittelt? Dann kommt jetzt der nächste Schritt: Überleg dir, welche wichtigen, langfristigen **Ziele** du dir für jede dieser 7 Rollen setzen willst. Nehmen wir beispielsweise deine Rolle im Beruf: Bist du Verkäufer, Managerin, Unternehmer oder Produktentwicklerin? Was willst du langfristig im Beruf erreichen? Welche **Prinzipien** sind dir dabei wichtig?

Rolle: ....

Ziele: ....

....

Prinzipien: ....

....

Rolle: ....

Ziele: ....

....

Prinzipien: ....

....

Rolle: ....

Ziele: ....

....

Prinzipien: ....

....

Rolle: ....

Ziele: ....

....

Prinzipien: ....

....

☞

Rolle: ....

Ziele: ....

....

Prinzipien: ....

....

Rolle: ....

Ziele: ....

....

Prinzipien: ....

....

Rolle: ....

Ziele: ....

....

Prinzipien: ....

....

6. Was willst du aus deinem Leben machen?

Du hast nun Klarheit über deine Lebensrollen, deine Prinzipien und deine Ziele gewonnen. Damit hast du die Grundlagen für die Entwicklung deines Leitbilds gelegt. Jetzt geht es darum, herauszufinden, was du aus deinem Leben machen willst. Wer willst du wirklich *sein?* Und was willst du wirklich *tun?* Der folgende kurze Text hilft dir dabei, erste Ideen zu gewinnen. Er stammt aus der Kolumne »Esst weniger Hüttenkäse und mehr Eiscreme!« der US-amerikanischen Humoristin und Schriftstellerin Erma Bombeck:

Was wäre, wenn …

»Wenn ich mein Leben nochmal leben könnte, dann würde ich öfter sagen ›Ich liebe Dich‹, und ›Es tut mir leid‹. Ich würde anderen viel besser zuhören. Und vor allem würde ich jede einzelne Minute auskosten …«

Jetzt bist du dran!

Hast du den Text von Erma Bombeck aufmerksam gelesen? Dann schreib gleich auf, was du in deinem Leben in Zukunft anders, besser und schöner machen wirst. Überleg dir auch, von welchen Prinzipien du dich dabei leiten lassen willst:

Was ist der wahre Sinn deines Lebens?

Wie kaum ein anderer Wissenschaftler hat sich der Wiener Psychiater und Holocaust-Überlebende Viktor E. Frankl mit der Frage nach dem Sinn des Lebens befasst. Viktor E. Frankl weiß aus eigener Lebenserfahrung, wovon er spricht. In seinem bewegenden Klassiker »… trotzdem Ja zum Leben sagen. Ein Psychologe erlebt das Konzentrationslager« schildert er seine Erlebnisse im Zweiten Weltkrieg. Seine zentrale Botschaft lautet: Selbst unter unmenschlichsten Bedingungen ist es möglich, einen Sinn im Leben zu sehen. Um diese Botschaft zu unterstreichen, wählte er das folgende bekannte Zitat von Friedrich Nietzsche:

»Wer ein Warum zum Leben hat, erträgt fast jedes Wie.«

Viktor E. Frankl war überzeugt, dass jeder Mensch sein eigenes Warum, seinen ganz persönlichen Sinn im Leben hat. Er betonte immer wieder, dass die Suche nach einem allgemeinen Lebenssinn ins Leere läuft. Das veranschaulichte er mit einer kurzen Geschichte:

Ein Reporter führt ein Interview mit einem Schach-Weltmeister.

Er stellt ihm die folgende Frage: *»Und nun sagen Sie mir, verehrter Meister, welches ist der beste Schachzug der Welt?«*

Der Meister antwortet: *»Es gibt keinen. Der beste Zug im Schach hängt ganz von der Situation im Spiel und den Eigenschaften des Gegners ab!«*

Der amerikanische Professor und Publizist Joseph Campell sieht das ganz ähnlich:

»Das Leben hat keinen Sinn. Jeder von uns hat einen Sinn und den geben wir dem Leben. Es ist eine Verschwendung, die Frage zu stellen, wenn man selbst die Antwort ist.«

Geh deinen eigenen Weg!

Dein Leitbild hilft dir, deinen eigenen Weg einzuschlagen und deinem Leben deinen ganz persönlichen Sinn zu geben. Viktor E. Frankl hat etwas Wunderbares im Zusammenhang mit der Entwicklung eines Leitbilds gesagt. Er meinte, dass wir unsere wahre Berufung, unseren einzigartigen Auftrag in dieser Welt nicht **erfinden**, sondern **entdecken**.

Mir gefällt dieser Gedanke. Ich glaube, jeder von uns hat ein inneres Gespür, ein Gewissen. Diese innere Stimme verschafft uns Klarheit über unsere Einzigartigkeit, über den tieferen Sinn unseres Lebens und die besonderen Beiträge, die nur wir leisten können. Oder um es frei nach Viktor E. Frankl zu formulieren:

»Jeder hat im Leben seine eigene, spezielle Mission oder Berufung. Diese Mission kann nur er erfüllen. Weder ist er hier zu ersetzen noch lässt sich sein Leben wiederholen. Die Aufgabe jedes Einzelnen ist so einzigartig wie seine persönlichen Fähigkeiten, um sie zu erfüllen.«

Oft schlummert deine einzigartige, persönliche Lebensmission in deinen Begabungen und Talenten. Mal zeigt sie sich in deiner Leidenschaft für eine lohnende Sache oder in deiner Begeisterung für eine sinnvolle Aufgabe. Und wenn du achtsam bist, hörst du auch immer wieder, wie sich deine innere Stimme leise zu Wort meldet. Aber wie kannst du deine wahre Berufung und den tieferen Sinn deines Lebens entdecken? Lass uns gemeinsam auf Erkundungsreise gehen!

Entdecke deine persönliche Lebensmission

Bitte nimm dir Zeit, um intensiv über die Fragen, die dir auf dieser Reise gestellt werden, nachzudenken. Nur so bekommst du eine klare Vorstellung davon, was du besonders gerne machst, was dich antreibt und in welche Richtung du dein Leben in Zukunft lenken willst. Übrigens: Einige Stichpunkte, um die folgenden Fragen zu beantworten, hast du bereits auf den vorhergehenden Seiten notiert. Blätter also bei den entsprechenden Fragen gerne noch einmal zurück und ruf dir diese Stichpunkte und deine Gedanken wieder in Erinnerung.

DIE ENTDECKUNGSREISE

In welche Richtung willst du dein Leben lenken?

1

Was machst du am liebsten?

Was hat dir als Kind am meisten Spaß bereitet?
Notier 7 Dinge, die du jetzt besonders gerne machst:
Lesen? Sport? Tanzen? Nachdenken …

2

Was inspiriert dich?

Wer oder was inspiriert dich?

Ein besonderer Mensch?

Ein schöner Ort?

Eine bestimmte Tätigkeit?

3

Was motiviert dich?

Ich bringe Höchstleistungen, wenn …

4

Was bremst dich aus?

Ich bin nicht besonders leistungsfähig, wenn …

5

Was macht dich glücklich?

Was liebst du an deiner Arbeit?

Was liebst du an deinem Privatleben?

7

Welche Prinzipien liegen dir am Herzen?

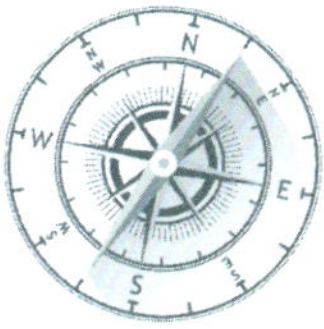

Nach welchen Prinzipien möchtest du leben?

6

Wie würdest du gerne sein?

Ein Tier, eine Blume, ein Lied oder etwas ganz anderes: Was könnte dich verkörpern?

Denk an eine Person, die du aufrichtig bewunderst. Welche Eigenschaften besitzt diese Person, die du auch gerne hättest?

8

Was macht dich einzigartig?

Was sind deine Talente, deine Möglichkeiten und dein wahres Potenzial?

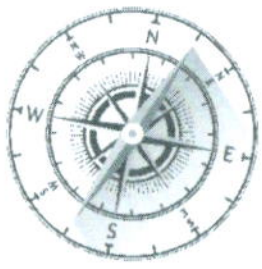

9

Wovon träumst du?

Was würdest du tun, wenn dir unbegrenzt Zeit Geld und Ressourcen zur Verfügung stünden?

10

Wozu bist du auf der Welt?

Was möchtest du in deinem Leben in Wahrheit sein und tun?

Welchen Beitrag möchtest du leisten?

Was ist der wahre Sinn deines Lebens?

Welches Vermächtnis willst du hinterlassen?

Deine 7 Lebensziele

Hast du in Ruhe über alle Fragen aus unserer Entdeckungsreise nachgedacht? Dann bist du deinem Leitbild einen riesengroßen Schritt nähergekommen. Bitte geh die Entdeckungsreise jetzt noch mal Schritt für Schritt durch. Markier die Antworten, die dir besonders wichtig sind. Hör dabei nicht nur auf deinen **Verstand**, sondern auch auf dein **Herz** und dein **Bauchgefühl**. Leite anschließend deine 7 wichtigsten Lebensziele aus deinen Antworten ab. Trag diese Lebensziele unten in die Kreise ein:

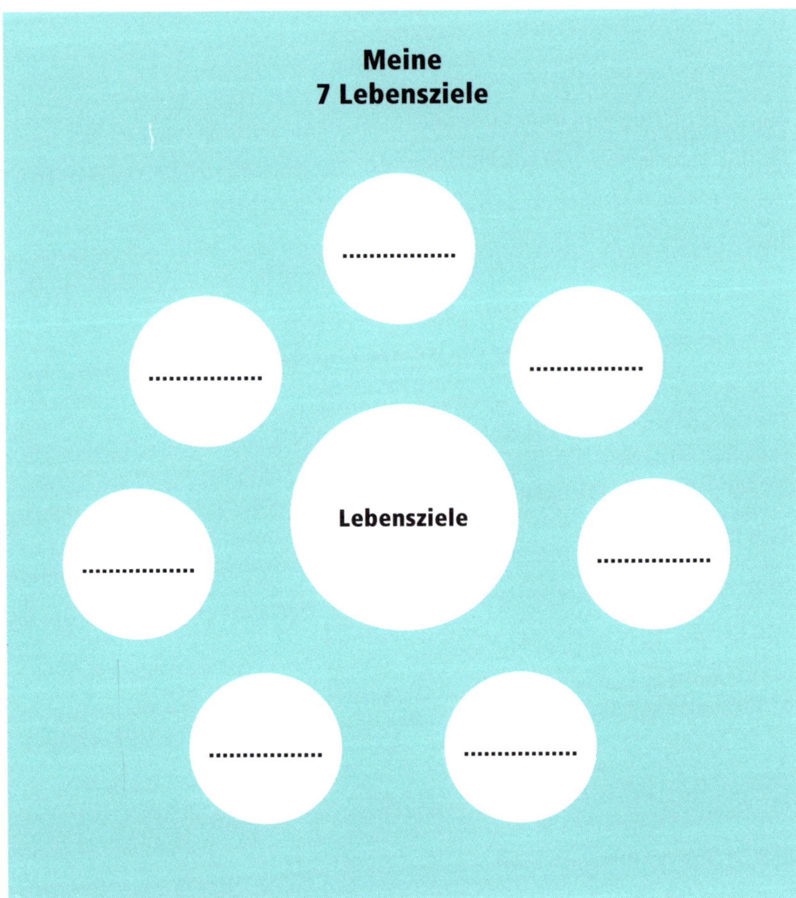

7. Der Moment der Wahrheit

Clayton M. Christensen zählt zu den bedeutendsten Management-Vordenkern der letzten Jahrzehnte. Ob Amazon, Apple oder Intel, ob Jeff Bezos, Steve Jobs oder Andy Grove: Mit seinem Buch »The Innovator's Dilemma« hat der Harvard-Absolvent das Denken der IT-Giganten des Silicon Valley maßgeblich geprägt. Auf der 20. Harvard Business School Reunion hielt er den Hauptvortrag. Vor Tausenden von HBS-Absolventen sprach Clayton M. Christensen offen darüber, was im Leben am Ende wirklich zählt. Seine Botschaft lautete: **»Vermasselt es nicht!«**

Unter Clayton M. Christensens ehemaligen Jahrgangskollegen waren viele, die – trotz einer hervorragenden Ausgangsbasis – im Leben gescheitert waren. Niemand von ihnen hatte anfangs gedacht:

- »Ich will alles meiner Arbeit unterordnen!«
- »Ich tue alles für Geld und Erfolg – ohne Rücksicht auf Verluste!«
- »Ich wünsche mir ein Leben, in dem meine Kinder nicht mit mir sprechen!«
- »Ich werde Alkoholiker oder Junkie!«
- »Ich pfeife auf ein glückliches, erfolgreiches und sinnerfülltes Leben!«

Was also war geschehen? Diese Leute hatten keine Prioritäten gesetzt und immer wieder Entscheidungen getroffen, die nicht mit ihren Werten und Prinzipien im Einklang standen. Irgendwann fanden sie sich in Lebenssituationen wieder, die sie sich so bestimmt nicht erträumt hatten. Wie man das verhindert? In seinem Vortrag erzählte Clayton M. Christensen die Geschichte von seinem ersten Job bei einer international anerkannten Beratungsgesellschaft:

An welchen Tagen arbeiten Sie überhaupt?

Die meisten der Kollegen von Clayton M. Christensen arbeiteten fast rund um die Uhr. Doch der junge Clayton sagte: »Ich muss den 18-Uhr-Zug erreichen!« Er erzählte niemandem, dass es auch noch einen Zug um 19 Uhr und einen um 20 Uhr gegeben hätte. Seine Frau und er hatten ein Leitbild erstellt und beschlossen, dass ihre Familie und ihr ehrenamtliches Engagement in ihrer Gemeinde an den Wochenenden grundsätzlich Vorrang haben sollten. Kurz nachdem Christensen seinen Job angetreten hatte, forderte man ihn auf, an den Sonntagen ins Büro zu kommen. Das war der Moment der Wahrheit. Er war ganz neu im Unternehmen. Wie konnte er da sagen, dass er an den Sonntagen nicht arbeiten könnte, weil er andere Prioritäten hatte?

Clayton M. Christensen stand ziemlich unter Druck. Er wollte seinen neuen Job nicht gleich wieder verlieren. Trotzdem blieb er standhaft und lehnte es ab, an den Sonntagen zu arbeiten. Sein Vorgesetzter konnte es kaum fassen. Er war ziemlich verärgert. Dennoch war er bereit, die anstehenden Termine auf Samstag zu verschieben. Doch Clayton M. Christensen erwiderte: »Tut mir leid, aber meine Samstage gehören meiner Familie.« Der Vorgesetzte war fassungslos. Dann sagte er zynisch: »Darf ich fragen, an welchen Tagen Sie überhaupt arbeiten?«

Clayton M. Christensen schilderte in seinem Vortrag, wie er es schaffte, an seinem Entschluss festzuhalten. Er spürte, dass er einen folgenschweren Präzedenzfall schaffen würde, wenn er »nur dieses eine Mal« eine Ausnahme machen würde. Dieser Entschluss war der erste von vielen, die sein Leben zum Besseren wendeten, seine

Karriere voranbrachten und ihm halfen, seiner Familie und seinen Werten treu zu bleiben.

Clayton M. Christensen ist der beste Beweis dafür, dass man enorm erfolgreich sein kann, ohne seine Werte und Prinzipien dabei zu vernachlässigen. Sein Rat an die Zuhörer lautete:

»Leg fest, was für dich im Leben wirklich Priorität hat. Und: Steh anschließend bedingungslos zu deiner Entscheidung!«

Am Ende seines Vortrags bekam Christensen tosenden Applaus und stehende Ovationen. Auf seine ganz eigene Art forderte er seine Zuhörer heraus, sich gründlicher denn je mit zwei entscheidenden Fragen zu befassen:

- Wie definierst du ganz persönlich Erfolg?
- Wofür soll all das, was du im Leben tust, am Ende gut sein?

Die Antworten auf diese Fragen gibt dir dein Leitbild. Es hilft dir, im Moment der Wahrheit deinen langfristigen Prioritäten und Zielen den Vorrang zu geben:

Man muss das, was man jetzt tun will, dem unterordnen, was man letztendlich will.

Das ist der Schlüssel zu einem glücklichen, effektiven und sinnerfüllten Leben. Und genau das ist der Sinn und Zweck unserer Existenz.

Es ist deine Entscheidung!

Zugegeben, es ist nicht immer leicht, seinen langfristigen Prioritäten und seinen großen Zielen den Vorrang zu geben. Doch: Es ist deine eigene Entscheidung! Jeder von uns ist selbst für sein Leben verantwortlich. Dein Verhalten hängt nicht von den äußeren Umständen oder von anderen Menschen ab, sondern allein von dir. Denn:

Zwischen Reiz und Reaktion gibt es einen Raum.

In diesem Raum hat der Mensch die Freiheit zu wählen und seine Reaktion selbst zu bestimmen.

In dieser Freiheit liegen unser Wachstum und unser Glück.

Was auch immer es sein mag: Zwischen dem, was um dich herum geschieht, und deiner Reaktion gibt es einen Raum. Dieser Raum schenkt dir die Freiheit und die Macht, dich für eine Reaktion zu entscheiden. Ob und wie du diesen Raum nutzt, hängt davon ab, ob du ein **re-aktiver Mensch** oder ein **pro-aktiver Mensch** bist:

- **Re-aktive Menschen** handeln aufgrund der äußeren Reize. Sie reagieren **reflexartig**, ohne sich die Konsequenzen ihres Tuns bewusst zu machen.

- **Pro-aktive Menschen** nutzen den Raum zwischen Reiz und Reaktion. Sie drücken auf die **»Pausentaste«**, halten inne und denken nach. Anschließend handeln sie auf der Grundlage ihrer Prinzipien, Werte und Ziele.

Wir alle treffen täglich Hunderte von Entscheidungen. Dabei geht es letztlich immer darum:

- ob wir einfach nur reagieren und den Weg wählen, der im Augenblick am einfachsten und bequemsten für uns ist,
- ob wir pro-aktiv handeln und uns für den Weg entscheiden, der uns dabei hilft, unsere langfristigen Ziele und unsere Lebensträume zu verwirklichen.

Natürlich werden auch pro-aktive Menschen von äußeren Reizen beeinflusst. Doch ihre Reaktion basiert nicht auf ihren Gefühlen, sondern auf ihren Werten und auf ihren Prinzipien. Diese Werte und Prinzipien haben sie mit Bedacht ausgewählt und fest verinnerlicht. Ralph Waldo Emerson hat gesagt:

»Nichts verleiht dem Leben eines Menschen so viel Richtungssinn wie ein gesunder Schatz an Prinzipien.«

Mahatma Gandhi meinte:

»Handeln drückt die Prioritäten aus.«

Genau das beherzigen pro-aktive Menschen. Pro-aktive Menschen sind selbst die Gestalter ihres Lebens. Sie wissen ganz genau: Ich bin nicht davon abhängig, was um mich herum passiert. Sie geben sich nicht mit der Rolle des Co-Piloten oder des Beifahrers zufrieden. Sie wissen: Ich kann den Kurs meines Lebens selbst bestimmen. Sie halten das Steuer fest in der Hand und gehen ihren eigenen Weg. Mutig und entschlossen sorgen sie selbst dafür, dass etwas geschieht, und lassen nicht einfach alles mit sich geschehen. Ihre Prioritäten und ihre Ziele haben sie fest im Blick. Ihnen ist bewusst: »Ich bin selbst für mein Glück oder mein Unglück verantwortlich!«

Es liegt in der Natur des Menschen, zu machen und nicht »gemacht« zu werden. Das gibt uns die Kraft, unsere Reaktion auf bestimmte Umstände selbst zu wählen, die Rahmenbedingungen eigenhändig zu gestalten und die Verantwortung für das eigene Leben zu übernehmen.

Re-aktiv oder pro-aktiv?

Bist du re-aktiv oder pro-aktiv? Ein Blick auf die folgende Tabelle zeigt dir den Unterschied:

RE-AKTIVE MENSCHEN	PRO-AKTIVE MENSCHEN
Sind passiv, warten ab und fühlen sich als Opfer.	Nehmen die Dinge selbst in die Hand und packen Probleme beherzt an.
Lassen zu, dass andere oder die äußeren Umstände ihre Stimmung beeinflussen.	Machen ihre Stimmung nicht von anderen oder den äußeren Umständen abhängig.
Drücken sich vor Verantwortung und schieben die Schuld für Probleme auf andere.	Übernehmen ohne Wenn und Aber die Verantwortung für das, was sie sagen und tun.
Sind ein Spielball anderer Menschen oder der außeren Umstände. Reagieren impulsiv, ohne lange über bessere Alternativen nachzudenken.	Wissen, dass sie selbst entscheiden können, wie sie auf die Menschen und die Dinge um sich herum reagieren wollen.
Haben keine Kontrolle über ihre Gefühle und lassen sich von ihren Emotionen leiten.	Haben ihre Emotionen im Griff und handeln auf der Grundlage ihrer Werte, Ziele und Prinzipien.
Denken kurzfristig und tun das, was sich gerade am besten für sie anfühlt.	Denken langfristig und tun das, was für ihre Zukunft am besten ist.

Was verrät deine Sprache?

Ob jemand pro-aktiv oder re-aktiv ist, kann man sehr gut an seiner Sprache erkennen. Menschen, die häufig re-aktive Formulierungen verwenden fühlen sich als **Opfer** der äußeren Umstände und nicht als pro-aktive, eigenverantwortliche **Gestalter** ihres Lebens.

RE-AKTIVE SPRACHE	PRO-AKTIVE SPRACHE
Es gibt nichts, was ich ändern könnte.	Ich werde eine bessere Alternative finden.
So bin ich einfach.	Ich kann mich ändern.
Du machst mich so wütend.	Ich habe die Kontrolle über meine Gefühle.
Du hast meinen Tag komplett ruiniert.	Ich lasse mir von deiner schlechten Laune sicher nicht den Tag vermiesen.
Leider muss ich das tun.	Ich kann mich frei entscheiden.
Das kann ich nicht.	Ich suche eine Lösung.
Die Sache läuft wirklich nicht gut für mich.	Ich finde einen Weg, damit die Dinge sich in die gewünschte Richtung entwickeln.
Das schaffe ich nicht. Es ist zu schwer für mich.	Ich werde mich richtig anstrengen, dann werde ich es auch schaffen.
Mann, bin ich doof!	Ups! Da ist was schiefgelaufen. Das kann ich besser!
Plan A hat nicht funktioniert.	Kein Problem. Das Alphabet hat ja noch 25 andere Buchstaben.

Auf die richtigen Worte kommt es an

Wenn du dein Leitbild formulierst, spielt die **Sprache** eine Schlüsselrolle. Von den **Formulierungen** hängt maßgeblich ab, ob du dein Leitbild umsetzen wirst oder nicht. Deshalb mach dir jetzt bitte Gedanken über die folgenden Fragen:

In welchen Situationen nutze ich besonders häufig re-aktive Formulierungen?

....

....

....

....

Weshalb machen meine re-aktiven Formulierungen mich zum Opfer?

....

....

....

....

☞

Was verändert sich, wenn ich eine pro-aktive Sprache nutze?

Eine re-aktive Sprache ist ein ernstes Problem. Sie wird zu einer sich selbst erfüllenden Prophezeiung. Menschen, die re-aktive Formulierungen nutzen, fühlen sich immer mehr als Opfer. Mit jedem Wort verfestigt sich ihr Glaube daran, dass sie keine Kontrolle über ihr Leben und ihr Schicksal haben. Deshalb suchen sie die Schuld an ihrer Situation nicht bei sich selbst, sondern bei anderen, bei den äußeren Umständen oder sogar bei den Sternen.

8. Schreib das Drehbuch deines Lebens neu

Re-aktive Menschen haben keinen Plan für ihr Leben. Wenn es schlecht läuft, fühlen sie sich als Opfer. Sie suchen Ausreden und schieben die Schuld auf andere. Sie behaupten:

- Das sind die **Gene**: Es liegt nicht an mir, sondern an meiner **DNA**. Dagegen kann ich nichts machen.
- Das liegt an meiner Kindheit: Meine **Eltern**, meine **Erziehung** und meine **Lehrer** sind schuld.
- Das liegt an den anderen und den Umständen: Mein **Chef** ist schuld, mein **Partner**, die **Wirtschaftslage**, die **Politik** oder das **Wetter**.

Natürlich bleiben unsere Gene, unser Aufwachsen und die Herausforderungen, denen wir im Leben begegnen, nicht folgenlos. Und auch unsere Vergangenheit können wir nicht mehr ändern. Was vorbei ist, ist vorbei. Aber: Wenn du pro-aktiv bist, kannst du das Drehbuch deines Lebens neu schreiben. Denn:

- Du bist nicht das Ergebnis deiner Gene.
- Du bist nicht das Ergebnis deiner Kindheit und deiner Erziehung.
- Du bist nicht das Ergebnis der äußeren Umstände.

Du bist das Ergebnis deiner eigenen Entscheidungen!

Niemand kann dir deine Entscheidungen abnehmen. Keiner kann dir befehlen, was du zu denken, zu fühlen oder zu tun hast. Nutz den Raum zwischen Reiz und Reaktion. Mach von deiner Freiheit zu wählen Gebrauch:

Du musst dich nicht an das Drehbuch, das andere Menschen für dich geschrieben haben, halten. Erstell dein persönliches Leitbild und schreib das Drehbuch deines Lebens neu!

Dein geheimes Leben

Wenn du das Drehbuch deines Lebens neu schreiben willst, solltest du dir bewusst machen, dass du drei Leben führst:

- **Dein öffentliches Leben:** Dieses Leben findet vor den Augen aller anderen statt – in deinem gesellschaftlichen Umfeld, wo du mit anderen interagierst.
- **Dein privates Leben:** Dieses Leben ist von der Öffentlichkeit abgeschirmt. Du lebst es zu Hause im Kreise deiner Liebsten.
- **Dein geheimes Leben:** Das ist dein wichtigstes Leben. Es bestimmt über dein öffentliches und dein privates Leben. Dein geheimes Leben gehört nur dir allein. Es spielt sich in deinem Kopf und in deinem Herzen ab. Hier kannst du deinen Gedanken, Motiven, Werten und Prinzipien auf den Grund gehen. Und: Du kannst sie ändern! Deine Vorstellungskraft und dein Gewissen ermöglichen es dir, das Drehbuch deines Lebens umzuschreiben und deinen Kurs zu ändern.

Hier findest du den wahren Sinn deines Lebens

Wenn du ein persönliches Leitbild entwickeln willst, musst du bereit sein, dein geheimes Leben zu erforschen. Denn hier – tief in deinem Inneren – findest du den wahren Sinn deines Lebens. Hier kannst du über die fundamentalen Fragen deines Lebens entscheiden. Das kann dir niemand abnehmen. Nutz die Chance. **Öffne die Tür zu deinem geheimen Leben.** Denn nur so kommst du dem höheren Sinn deines Lebens auf die Spur. Dieser Lebenssinn breitet sich wie ein Schirm über alles andere aus. Er macht dir Mut und schenkt dir frische Kraft und positive Energie. Finde heraus, wer du tief in deinem Innersten wirklich sein und was du wirklich tun willst. Viele Menschen machen von dieser Möglichkeit niemals Gebrauch. Das ist schade, denn so können sie den Kurs ihres Lebens nicht selbst bestimmen. Das tun dann andere für sie!

Gezeitenwechsel

Wenn wir den wahren Sinn unseres Lebens nicht kennen, dann fehlen uns oft der Antrieb, der Schwung und die Freude, die es braucht, um voller Elan seinen Tätigkeiten nachgehen zu können. So erging es auch dem Schriftsteller Arthur Gordon. Er hat seine Erfahrungen in einer kleinen Geschichte niedergeschrieben. Sie trägt den Titel »The Turn of the Tide«. Auf Deutsch bedeutet das »Gezeitenwechsel« – im wörtlichen wie im übertragenen Sinn:

Gezeitenwechsel

Arthur Gordon erzählt von einer Zeit in seinem Leben, in der er das Gefühl hatte, dass alles irgendwie eintönig und sinnlos war. Er konnte sich zu nichts aufraffen. Seine Motivation war auf dem Nullpunkt. Er brachte einfach nichts Vernünftiges mehr aufs Papier. Und es wurde von Tag zu Tag schlimmer.

Irgendwann beschloss er, sich von einem befreundeten Arzt helfen zu lassen. Doch der Arzt konnte keine körperliche Erkrankung finden:

»Ich kann medizinisch nichts finden. Körperlich bist du gesund. Aber ich denke, ich weiß, was nicht stimmt. Hier habe ich vier Rezepte für dich ausgestellt und jedes einzeln in einen Briefumschlag gesteckt. Ich bitte dich, alle vier Rezepte genauestens zu befolgen. Aber zuerst noch eine Frage: Wo warst du als Kind am liebsten?«

»Ich habe es geliebt, zum Strand zu gehen«, antwortete Arthur.

»Gut, dann geh gleich morgen zum Strand und öffne den Umschlag mit dem ersten Rezept um 9 Uhr, den zweiten Umschlag um 12 Uhr mittags, den nächsten um 15 Uhr nachmittags und den letzten Umschlag um 18 Uhr.«

»Okay, und wo ist die Medizin?«, fragte Arthur.

»Du brauchst keine Medizin. Mach einfach, was auf den Rezepten steht.«

»Machst du Witze?«

»Warte, bis du meine Rechnung siehst! Dann wirst du nicht mehr denken, dass ich Scherze mache!«, entgegnete der Arzt. »Und nimm nichts mit, wenn du zum Strand gehst. Nur etwas zu essen und zu trinken. Aber kein Radio, keine Bücher, keine Zeitschriften oder andere Ablenkungen. Sprich mit niemandem. Begnüge dich mit der Natur. Und vergiss nicht, den Umschlag mit dem ersten Rezept pünktlich um 9 Uhr zu öffnen.«

9 Uhr: Die Behandlung beginnt …

Also fuhr Arthur Gordon am nächsten Morgen zum Strand. Als er das erste Rezept öffnete, war er verblüfft. Hier standen nur zwei Wörter: »Hör zu!« Der Arzt musste verrückt sein! Wie sollte er hier am Strand drei Stunden lang zuhören? Doch er hatte sich ja dazu bereiterklärt, die Anweisungen des Arztes zu befolgen. Also hörte er genau hin. Er hörte das Rauschen des Meeres und das Geschrei der Vögel. Nach einiger Weile konnte er auch Dinge hören, die zunächst nicht in sein Bewusstsein vorgedrungen waren, beispielsweise das Rascheln der Gräser, die sich sanft im Wind hin und her bewegten. Schließlich begann er, in sich hineinzuhorchen.

Nach und nach löste er sich von der Hektik seines öffentlichen Lebens und von der Eintönigkeit seines privaten Lebens. Er dachte an das, was ihn das Meer in seiner Kindheit gelehrt hatte: Geduld, Respekt und die Erkenntnis, dass alles miteinander in Beziehung steht. Allmählich drang er immer weiter in sein geheimes Leben vor und empfand einen tiefen inneren Frieden. Wie lange hatte er das nicht mehr gefühlt?! Arthur genoss den Zustand der Ruhe und des Friedens so sehr, dass er das zweite Rezept um 12 Uhr nur äußerst widerwillig hervorholte.

12 Uhr: Ein echtes Rätsel …

Auf diesem Rezept standen drei Wörter: »Greif hinter dich!« Arthur runzelte die Stirn. »Wohin soll ich denn greifen? Was ist damit gemeint? Vielleicht eine Reise in die Vergangenheit?«, fragte er sich. »Vielleicht ein Rückblick auf meine Kindheit, auf die Erinnerungen an glückliche Zeiten?« Er dachte über seine Vergangenheit nach, über die vielen kleinen Augenblicke des Glücks und der Freude. Er versuchte, sich alles genau ins Gedächtnis zu rufen. Dabei stieg eine Wärme in ihm auf, die immer intensiver wurde. Er erinnerte sich daran, wie er und seine Freunde nach der Schule zum Strand hinuntergelaufen waren. Sie hatten ausgelassen getobt und waren einfach nur glücklich gewesen. Arthur dachte auch daran, wie es war, als er mit seinem Bruder am Strand war.

Ihm wurde sehr wehmütig ums Herz, denn sein Bruder war schon lange tot. Er dachte daran, wie sein Bruder und er nach der Schule unbeschwert und überglücklich zum Strand gelaufen waren. Sie hatten von der Freiheit, der frischen Luft und all dem Spaß nicht genug bekommen können. Regelmäßig waren er und sein Bruder mit der ganzen Familie am Strand gewesen. Sie hatten es geliebt, gemeinsam mit ihren Eltern in der Brandung zu spielen, Wasserschlachten zu veranstalten und Sandburgen zu bauen.

Diese wertvollen Erinnerungen an die schöne Zeit, die er am Strand erlebt hatte, nahmen Arthur so gefangen, dass er um 15 Uhr noch widerwilliger in seine Tasche griff, um das nächste Rezept hervorzuziehen. So tief war er in sein geheimes, inneres Leben eingetaucht, das so viele wertvolle Erinnerungen und Gefühle bereithielt.

15 Uhr: Die größte Herausforderung …

Um 15 Uhr las er das dritte Rezept. Die beiden ersten »Medikamente« hatte er leicht einnehmen können. Doch bei diesem war es anders. Als er das dritte Rezept sah, wurde ihm klar, dass nun die größte Herausforderung auf ihn wartete. In gewissem Sinne waren die beiden anderen Rezepte lediglich die Vorbereitung darauf. Dieses dritte Rezept führte ihn mit aller Macht mitten hinein in sein geheimes inneres Leben. Wieder waren es drei nur Wörter. Doch diese hatten es in sich: »Prüf deine Motive!«

Erfolg, Anerkennung, Geld, Sicherheit: Er dachte an das, was er wollte, und rechtfertigte es. Aber dann kam ihm der Gedanke, dass diese Motive sehr oberflächlich und sehr egoistisch waren.

Allmählich wurde ihm klar, dass seine Motive die Ursache für seine Situation, für den Stillstand in seinem Leben sein könnten. Er betrachtete seine Motive eingehend. Dabei dachte er an sein früheres Glück. Und dann hatte er die Lösung – endlich:

»Es traf mich wie ein Blitz!«, schreibt Arthur Gordon. Plötzlich wusste er mit unumstößlicher Sicherheit:

Nichts kann richtig sein, wenn unsere Motive falsch sind!

Es spielt keine Rolle, ob man Schriftsteller, Unternehmerin, Verkäufer, Unternehmensberater, Abteilungsleiterin oder in Elternzeit ist … Solange wir das Gefühl haben, uns für andere einzusetzen, machen wir unsere Arbeit gut. Wenn es uns aber nur darum geht, dass sich etwas für uns lohnt, machen wir unsere Arbeit nicht gut!

Arthur Gordon war klar geworden, dass sein privates und sein öffentliches Leben nicht in Einklang mit seinem geheimen Leben standen. Nach außen erweckte er den Anschein der Fürsorge für andere. Aber in seinem Inneren fand er egoistische Motive, denen er in Wahrheit gerecht werden wollte. Arthur verbrachte den Großteil der nächsten drei Stunden damit, sich das alles durch den Kopf gehen zu lassen. Er erkannte, dass seine gesamte Motivstruktur sich nicht um das Engagement für andere drehte, sondern nur um sich selbst. Arthur versuchte, sein Leben neu zu ordnen, sich neu zu orientieren, neue Motive zu finden und sich neue Ziele zu setzen. Motive und Ziele, die mit höheren Werten und Prinzipien in Einklang standen.

Das war eine sehr kreative Übung. Denn Arthur brachte seine Vorstellungskraft mit ins Spiel, anstatt sich lediglich zu erinnern:

Wenn wir aus der Erinnerung leben, konzentrieren wir uns auf die Vergangenheit. Doch: Wenn wir unsere Fantasie spielen lassen, konzentrieren wir uns auf die Zukunft. Was hinter uns liegt, ist nichts im Vergleich zu dem, was in uns ist und was vor uns liegt.

Dennoch waren die ersten beiden Rezepte wichtig und notwendig. Das In-sich-Hineinhorchen und die Erinnerung an glückliche Zeiten waren die Vorbereitung auf die Phase der Selbstanalyse, der Selbstbeobachtung und der Selbsterforschung. All das half ihm, seine aktuellen Motive zu hinterfragen und neue Motive und Ziele ans Licht zu bringen.

Gegen 18 Uhr war Arthur sich im Klaren darüber, welche Motive, Ziele, Werte und Prinzipien künftig sein Leben bestimmen sollten. Zum ersten Mal sagte er sich innerlich: »Ich weiß, warum ich lebe. Und ich weiß, was mit mir los ist. Ich kenne den Grund meines Problems und mir ist klar, was ich tun muss. Jetzt kenne ich die Richtung, die ich im Leben einschlagen will.«

18 Uhr: Der letzte Schritt …

Um Punkt 18 Uhr holte er das letzte Rezept hervor. Arthur Gordon brauchte nicht lange, um die letzte Anweisung zu befolgen. Sie lautete: »Schreib deine Sorgen in den Sand!« Er überlegte kurz, kniete nieder und schrieb mit einer Muschel einige Wörter in den Sand. Dann drehte er sich um und ging weg. Er blickte nicht zurück. Denn er wusste, dass die Flut kommen würde …

Alles hängt mit allem zusammen

Die Geschichte von Arthur Gordon zeigt, wie eng dein öffentliches, dein privates und dein geheimes Leben miteinander verbunden sind. Mahatma Gandhi hat das ganz wunderbar ausgedrückt. Er sagte:

»Wir können nicht in einem Bereich unseres Lebens das Richtige tun und in einem anderen das Falsche. Das Leben ist ein unteilbares Ganzes.«

Wir haben das Gefühl, dass wir uns selbst und den anderen etwas vormachen. Diese innere Zerrissenheit belastet und blockiert uns. Manchmal fühlen wir uns wie gelähmt. Es fällt uns schwer, die Dinge beherzt anzugehen.

Wenn unsere drei Leben nicht in Einklang miteinander sind und wenn wir den wahren Sinn unseres Lebens nicht kennen, dann spüren wir das tief in unserem Inneren. Uns fehlen die **Motivation**, der **Antrieb**, die **Begeisterung** und die **Lebensfreude**. Deshalb ist es ein wichtiger Schritt auf deinem Weg zu einem stimmigen persönlichen Leitbild, dass du dir deine drei Leben jetzt noch einmal genauer ansiehst:

Dein öffentliches Leben

Welche Motive, Ziele, Werte und Prinzipien prägen dein öffentliches Leben?

....

....

....

....

Wie nehmen andere dich wahr? Ob ehrgeizig, erfolgreich, zuverlässig, egoistisch, überheblich, humorvoll, verschlossen, emotional, distanziert, kontrolliert oder hilfsbereit – schreib einfach auf, was dir spontan zu deiner Wirkung auf andere in den Sinn kommt:

....

....

....

....

....

Dein privates Leben

Wer oder was steht im Mittelpunkt deines privaten Lebens?

....

....

....

Welche Motive, Ziele, Werte und Prinzipien prägen dein privates Leben?

....

....

....

Wie nehmen dich deine Familie und deine engsten Freunde wahr? Entspannt, fürsorglich, gestresst, geduldig …?

....

....

....

☞

Dein geheimes Leben

Was wünschst du dir tief in deinem Innersten? Wie sieht ein sinnerfülltes, erfolgreiches und glückliches Leben für dich in Wahrheit aus?

Deine 3 Leben

Stimmen dein privates, dein öffentliches Leben und dein geheimes Leben überein?

Bitte kreuz die Antwort an, die am ehesten auf dich zutrifft:

- ❑ Nein – hier gibt es große Diskrepanzen.
- ❑ Minimal – manche Dinge sind stimmig, doch die Unterschiede überwiegen.
- ❑ Teilweise – es gibt einige Abweichungen, aber die grobe Linie passt.
- ❑ Größtenteils – meine 3 Leben stimmen in vielen Bereichen überein.
- ❑ Ja – alle 3 Leben ergeben ein harmonisches Gesamtbild, das meine tiefsten innersten Wünsche, Werte und Prinzipien widerspiegelt.

So sind deine 3 Leben im Einklang

Wo sind die Diskrepanzen zwischen deinen 3 Leben besonders groß? Und warum?

....

....

....

....

....

Was kannst du tun, damit deine 3 Leben in Einklang kommen und ein harmonisches Ganzes ergeben?

....

....

....

....

....

Träumen ausdrücklich erlaubt!

Stell dir vor, deine 3 Leben harmonieren perfekt miteinander. Vervollständige den folgenden Satz, indem du beschreibst, was du tust, für wen du es tust, warum du es tust und welche Ergebnisse du dabei erzielst:

Mein Lebenstraum …

....

....

....

....

....

....

....

....

9. Dein bestes Leben

Dein persönliches Leitbild soll das Beste in dir zum Vorschein bringen. In diesem Zusammenhang spreche ich gerne vom **höchsten und besten Einsatz**. Diese Formulierung stammt von einem Bekannten, der in der Immobilienbranche tätig ist. Was genau es damit auf sich hat? Hier kommt die ganze Geschichte:

Der höchste und beste Einsatz

Mein Freund war wesentlich erfolgreicher als die meisten Immobilieninvestoren in unserer Gegend. Eines Tages fragte ich ihn:

»Was machst du anders als deine Kollegen? Wieso hast du mehr Erfolg als sie?«

Er überlegte kurz. Dann meinte er: »Wenn ich eine Immobilie kaufe, stelle ich mir ihren höchsten und besten Einsatz vor.«

Mir war nicht sofort klar, was er damit meinte. Also fragte ich nach und er erklärte: »Der aktuelle Zustand der Immobilie ist für mich nicht entscheidend. Davon lasse ich mich nicht abschrecken. Ich achte nicht auf die abgenutzten Böden, die alten Bäder oder die undichten Fenster.«

»Aber worauf achtest du denn dann?«, wollte ich wissen.

»Ich stelle mir vor, was man aus der Immobilie machen kann. Vor meinem geistigen Auge male ich mir aus, wie der höchste und der beste Einsatz einer Wohnung oder eines Hauses aussehen könnte. Dabei stelle ich mir jedes Detail haargenau vor. Anschließend setze ich meine Ideen dann in die Tat um. Das ist alles. So einfach ist das!«

Ich musste schmunzeln, denn mir wurde klar: Mein Freund hatte schon am Anfang das Ende im Sinn! Dabei ist unsere Vorstellungskraft der entscheidende Faktor. Das trifft natürlich auch auf die Entwicklung deines Leitbilds zu. Hier gilt:

Deine Vorstellungskraft ist einer der größten Aktivposten, wenn es um die Entwicklung und Umsetzung deines persönlichen Leitbilds geht.

Allerdings können wir uns oft gar nicht vorstellen, welche Talente und Möglichkeiten tatsächlich in uns schlummern. Deshalb fällt es uns oft nicht leicht, ein Leitbild zu entwickeln, dass unseren höchsten und besten Einsatz widerspiegelt. Wir setzen uns selbst Grenzen und denken: »Nein, das ist nur ein Traum. Das werde ich niemals schaffen!« Warum wir das so gerne tun?

Es ist viel einfacher und bequemer, sich selbst Grenzen aufzuzeigen, als die Verwirklichung der eigenen Träume in die Tat umzusetzen. Man sagt sich: »Das ist unmöglich!« Und schon ist das Thema vom Tisch!

Eine Mutmach-Geschichte

Natascha stammt aus einer Artistenfamilie. Sie zog mit ihren Eltern und zahlreichen Geschwistern von einer Stadt zur nächsten – von einem Auftritt zum anderen. Deshalb musste Natascha oft die Schule wechseln und versäumte auch einige Unterrichtsstunden. Dennoch war sie eine gute Schülerin. Als sich ihre Schulzeit dem Ende zuneigte, sollte sie einen Aufsatz schreiben. Das Thema lautete: »Wie stellst du dir deine Zukunft vor?«

Natascha war begeistert. Seit sie denken konnte, träumte sie davon, Architektin zu werden und wunderschöne Hauser zu entwerfen. Auf mehreren Seiten beschrieb sie ihren großen Traum. Sie hatte alles genau vor Augen. Natascha fügte ihrem Aufsatz sogar einen Plan von einer wunderschönen Villa mit einem riesigen Pool und einem fantastischen Spa-Bereich bei. Ihre Augen strahlten vor Glück, als sie ihren Aufsatz abgab.

Einige Tage später bekam sie ihren Text zurück. Natascha war sicher, dass sie eine Eins bekommen würde. Als sie auf die Note schaute, erstarrte sie vor Schreck. Der Lehrer hatte ihr eine glatte Sechs gegeben! Die Begründung: Für ein Mädchen ihres Schlages sei ein solches Leben komplett unrealistisch! Architektur sei ein Beruf, in dem vor allem Männer erfolgreich wären. Zudem hätte in ihrer Familie noch nie jemand studiert. Und außerdem könnten ihre Eltern das Studium ohnehin nicht finanzieren und Bafög würde Ihre Familie auch nicht zurückzahlen können. Zum Schluss gab ihr der Lehrer noch einen guten Rat: Natascha solle lieber einen »vernünftigen« Beruf ergreifen und sich direkt nach der Schule einen »anständigen« Ausbildungsplatz suchen.

Da Nataschas Noten sonst gut waren, machte der Lehrer ihr ein Angebot: Wenn sie ihren Aufsatz ändern und einen realistischen Plan für ihre Zukunft vorlegen würde, nähme er die Sechs zurück. Natascha war hin- und hergerissen. Eine Sechs würde ihre

Abschlussnote ziemlich nach unten drücken. Was sollte sie bloß tun? Daheim fragte sie ihre Mutter. Diese nickte bedächtig und antwortete schließlich: »Das ist eine sehr wichtige Entscheidung. Deshalb will ich mich nicht einmischen. Sie liegt allein bei dir. Es ist dein Traum!«

Nachdem die Frist für die Abgabe des neuen Aufsatzes verstrichen war, ging Natascha zu ihrem Lehrer. Sie sagte: »Vielen Dank für das Angebot, den Aufsatz noch mal neu zu schreiben. Aber ich möchte meinen Traum nicht aufgeben. Ich möchte zumindest versuchen, ihn wahr werden zu lassen. Deshalb habe ich mich für Folgendes entschieden: Sie lassen die Sechs stehen – und ich behalte meinen Lebenstraum!«

Wie die Geschichte ausgegangen ist? Natascha hat ihren Traum tatsächlich verwirklicht. Sie hat es geschafft, Architektur zu studieren. Heute ist Natascha eine angesehene, international gefragte Architektin. Für ihre Traumhäuser hat sie schon unzählige Preise gewonnen.

Was Natascha kann, kannst du auch. Lass dich nicht länger ausbremsen. Mach gleich die Übung auf der nächsten Seite. Leg den Grundstein, um deine Grenzen zu überwinden!

»Jeder großartige Traum beginnt mit einem Träumer. Erinnere Dich immer daran, dass Du in Dir die Stärke, die Geduld und die Leidenschaft hast, die Sterne zu erreichen, um die Welt zu verändern.«
Harriet Tubman

»Die Möglichkeit, dass ein Traum in Erfüllung geht, ist, was das Leben interessant macht.«
Paulo Coelho

Was wäre, wenn …

Die meisten Grenzen existieren nur in unseren Köpfen. Das ist kein Wunder. Oft wird uns spätestens in der Schulzeit eingetrichtert, dass wir vorsichtig, vernünftig und realistisch sein sollen. Doch in Wahrheit können wir weit mehr erreichen, als wir für möglich halten. Also, vergiss deine selbstgesteckten Grenzen und lass deiner Fantasie bei der Beantwortung der beiden folgenden Fragen freien Lauf:

Nehmen wir an, du könntest nicht scheitern. Was würdest du dann aus deinem Leben machen?

Wenn du nicht für deinen Lebensunterhalt arbeiten müsstest, was würdest du dann tun?

Selbstgesteckte Grenzen überwinden

Selbstgesteckte Grenzen sind wie ein Gefängnis, in das wir uns eigenhändig einschließen. Doch wir können diese Grenzen sprengen. Auch du kannst es schaffen. Wie das geht? Besonders hilfreich ist die folgende Methode:

Versetz dich zurück in deine Kindheit

Oft schlummert unser höchster und bester Einsatz tief verborgen in unseren Kindheitsträumen. Einer meiner Kollegen bei Franklin-Covey hat mir die folgende Geschichte erzählt:

Faszination Weltall

Ich erinnere mich noch, wie ich bei einem Seminar einem Mann begegnete, der gerade bei der Besetzung eines wichtigen Postens in einem Raumfahrtunternehmen übergangen worden war. Er liebte seinen Job und hatte den Großteil seines Lebens in der Luft- und Raumfahrtbranche verbracht. Als wir miteinander sprachen, brachte er seine Enttäuschung deutlich zum Ausdruck. Er war so sicher, dass er den Job bekommen würde. Und dann passierte das!

»Woher kommt Ihr Interesse für die Raumfahrt?«, fragte ich ihn.

Ein Lächeln huschte über sein Gesicht. Seine Augen begannen zu funkeln und er erzählte mir, wie er als Vierjähriger im Garten seines Elternhauses in den Himmel geschaut hatte. Obwohl er noch sehr jung war, hatte er sich schon damals gefragt: »Wird jemals ein Mensch dort hinkommen?« Der Gedanke, ins Weltall zu reisen, zog ihn in seinen Bann. Sein Interesse für Astronomie wurde immer größer. Als er in die Highschool kam, schrieb er sich für naturwissenschaftliche Fächer ein. Er bestand seinen Abschluss in Raumfahrttechnik mit Bestnoten. Seine Karriere nahm schnell Fahrt auf. Dass er den CEO-Posten nicht bekommen hatte, war ein ziemlicher Schock für ihn. Damit hatte er nicht gerechnet.

Er nahm sich frei, um unsere Leadership-Woche zu besuchen. Hier wollte er Antworten auf die großen Fragen finden:

- ▶ Welchen Sinn hat mein Leben?
- ▶ Heute ist der erste Tag vom Rest meines Lebens: Was werde ich mit der Zeit, die mir noch bleibt, anfangen?
- ▶ Soll ich mir eine Farm in Montana kaufen und alles andere hinter mir lassen?
- ▶ Vielleicht hat es ja auch etwas Gutes, dass ich bei der Beförderung übergangen und den ersehnten Posten als CEO nicht bekommen habe? Welche neuen beruflichen Chancen eröffnen sich mir dadurch?
- ▶ Was wollte ich beruflich schon immer einmal machen? Wovon habe ich bereits als Kind geträumt?
- ▶ Wozu bin ich überhaupt hier auf der Erde?
- ▶ Was kann ich tun, um das Leben anderer zu bereichern?
- ▶ Welche Möglichkeiten habe ich, um die Welt ein bisschen besser, schöner und lebenswerter zu machen?

Einige Monate später ging sein Name durch die Presse. Er war vom Präsidenten der Vereinigten Staaten zum neuen Direktor der NASA ernannt worden! Jetzt beschäftigt er sich nicht mehr »nur« mit der Raumfahrtbranche, sondern er koordiniert alles, was sich im Weltraum abspielt. Alle Aktivitäten sämtlicher Länder. Er ist derjenige, der dafür sorgt, dass die Menschheit das Weltall entdecken und von den Weltraumprogrammen profitieren kann!

Die Tatsache, dass er bei der Beförderung übergangen wurde, hat ihm die erforderliche Energie und den nötigen Mut gegeben, um seinen großen Kindheitstraum wahrzumachen!

Das Weltall erobern, Abenteuer erleben, Leben retten, etwas in der Welt bewirken: Das, was uns als Kind fasziniert hat, kommt tief aus unserem Inneren. Wenn wir älter werden, ist es immer noch da. Doch wir unterdrücken es, weil …

- wir uns selbst Grenzen setzen,
- wir uns von anderen entmutigen lassen,
- wir es anderen recht machen wollen,
- wir denken, dass wir vernünftig und angepasst sein müssen,
- wir es uns in unserer Komfortzone bequem gemacht haben,
- wir Angst davor haben, zu scheitern.

Die Arbeit an deinem Leitbild ist die ideale Gelegenheit, deine Kindheitsräume wieder zum Leben zu erwecken. Trau dich. Mach sie zum Bestandteil deiner Lebensvision, deines persönlichen Leitbilds!

Reise in die Kindheit

Wovon hast du als Kind geträumt? Was wolltest du später einmal werden? Schriftstellerin? Pilot? Profisportler? Tierärztin? Feuerwehrmann? Denk nicht lange nach. Schreib einfach auf, was dir spontan in den Sinn kommt!

Meine Kindheitsträume:

Welche deiner Träume aus deiner Kindheit willst du in dein Leitbild aufnehmen?

Hol dir Unterstützung!

Hier kommt die zweite Möglichkeit, um selbstgesteckte Grenzen zu überwinden: Hol dir Unterstützung! Gibt es jemanden, dem du vertraust und den du wirklich schätzt? Jemanden, der dich sehr gut kennt, der an dich glaubt und den du gerne um Rat fragst? Vielleicht ein Mentor? Einer deiner früheren Lehrer? Ein Trainer aus deinem Sportclub? Deine Großmutter oder dein Großvater? Wichtig ist, dass diese Person eine gewisse Lebenserfahrung vorweisen kann. Zudem sollte er oder sie dein Potenzial und deine Möglichkeiten richtig einschätzen können. Sicher hast du mehrere Menschen in deinem Umfeld, die in Frage kommen. Bitte drei oder vier von ihnen um Unterstützung. Sag ihnen, dass du an deinem persönlichen Leitbild arbeitest. Erklär ihnen das Konzept. Bitte sie dann, dir einige Punkte zu nennen, von denen sie denken, dass sie unbedingt in deinem Leitbild enthalten sein sollten. Je eher du potenzielle Unterstützer einbeziehst, desto besser. Also, trag die Namen deiner potenziellen Unterstützer gleich unten in die Kreise ein:

Meine Unterstützer:

....

....

10. Stell dir vor!

Unsere Vorstellungskraft ist einer der wichtigsten Aktivposten, wenn es darum geht, unsere Grenzen zu überwinden und ein persönliches Leitbild zu entwickeln. Hier kommt die rechte Gehirnhälfte ins Spiel. Denn: Unsere Vorstellungskraft basiert in erster Linie auf Funktionen der rechten Hemisphäre. Das heißt: Wenn du weißt, wie du die Kapazitäten deiner rechten Gehirnhälfte freisetzen kannst, erleichtert dir das die Arbeit an deinem persönlichen Leitbild ungemein. Weshalb das so ist? Das zeigt die **Gehirn-Dominanz-Theorie**: Normalerweise nutzt jeder Mensch immer beide Hälften seines Gehirns. Dennoch tendiert eine Hirnhälfte dazu, dominant zu sein. **Rechts oder links?** Wie wir die Dinge um uns herum betrachten, hängt maßgeblich davon ab, welche Hirnhälfte bei uns den Ton angibt:

Linke Gehirnhälfte	Rechte Gehirnhälfte
Arbeitet logisch und verbal.	Arbeitet intuitiv und kreativ.
Bevorzugt Wörter.	Bevorzugt Bilder.
Achtet auf Details.	Achtet auf das große Ganze.
Befasst sich mit der Analyse.	Befasst sich mit der Synthese.
Dient dem sequenziellen Denken.	Dient dem simultanen Denken.
Ist an die Zeit gebunden.	Ist unabhängig von der Zeit.

Grundsätzlich leben wir in einer primär linkshemisphärisch dominierten Welt. Hier dreht sich alles um Wörter, Zahlen, Daten, Fakten und Logik. Die kreativen, intuitiven, fühlenden und künstlerischen Aspekte unseres Wesens spielen dagegen eine untergeordnete Rolle. Deshalb fällt es vielen von uns schwer, die Kapazitäten der rechten Gehirnhälfte zu nutzen. Doch genau das ist wichtig, wenn du ein glasklares Bild davon entwickeln willst, was du im Leben sein und tun willst. Die gute Nachricht? Es gibt einen sehr wirkungsvollen Weg, um das Potenzial der rechten Gehirnhälfte besser auszuschöpfen: **Nutz die Macht der Bilder!**

Die Kunst der Visualisierung

Dr. Charles Garfield hat umfassende Studien über Spitzenleistungen im Sport und im Business erstellt. Eines der wesentlichen Ergebnisse:

**Ob Sportler, Unternehmer oder Führungskraft:
So gut wie alle Menschen, die Spitzenleistung vollbringen, sind wahre Meister der Visualisierung.**

Bevor sie etwas tun, malen sie es sich bis ins kleinste Detail vor ihrem geistigen Auge aus. Sie nutzen ihre rechte Gehirnhälfte und sehen, fühlen und erleben es in Gedanken. Oder anders gesagt: Sie halten sich an den 2. Weg zur Effektivität und haben schon am Anfang das Ende im Sinn. Das kannst du auch – und zwar in allen Lebensbereichen. Ob eine wichtige Rede, eine entscheidende Verkaufspräsentation, ein schwierige Diskussion oder die tägliche Herausforderung, ein Ziel zu erreichen:

Du kannst jede Situation immer wieder bildlich, klar und lebhaft vor dir sehen. Durch die Visualisierung schaffst du dir eine innere »Komfortzone«. Wenn du die Situation dann erlebst, ist sie dir nicht fremd. Sie kann dich nicht mehr verunsichern und aus dem Konzept bringen.

Was das mit deinem Leitbild zu tun hat? Im Hinblick auf dein Leitbild bringt dir die Visualisierung gleich 2 Vorteile:

1. Du kannst dir sehr genau ausmalen, wer du wirklich sein und was du wirklich tun willst. Das hast du übrigens schon in einer der Übungen in diesem Buch gemacht. Du hast deinen 80. Geburtstag visualisiert und somit ein konkretes Bild davon entwickelt, was du im Leben erreichen willst! Bevor du später damit beginnst, dein Leitbild schriftlich festzuhalten, solltest du unbedingt noch mal auf Seite 27 zurückblättern und dir die Ergebnisse dieser Übung ansehen. Und: Wenn du willst, kannst du die Übung auch gerne noch einmal machen. Je genauer du dir deinen 80. Geburtstag vorstellst, desto mehr Erkenntnisse gewinnst du für dein persönliches Leitbild.

2. Die Visualisierung hilft dir, dein Leitbild im Alltag umzusetzen, deinen Werten und Prinzipien treu zu bleiben und deine Lebensziele zu verwirklichen. Wie hilfreich und wertvoll die Visualisierung hier sein kann, zeige ich dir gleich an einem konkreten Beispiel!

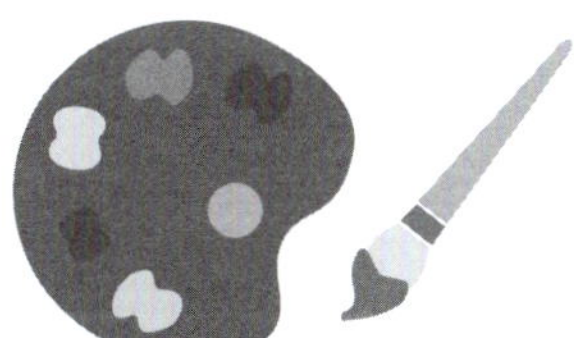

Bist du bereit?

Um deine Lebensziele und deine Träume verwirklichen zu können, genügt es nicht, ein Leitbild zu entwickeln. Du musst dich auch fragen:

Bin ich bereit, mich sowohl privat als auch öffentlich so zu verhalten, dass es meinem Leitbild und damit auch meinen Werten und meinen Prinzipien entspricht?

Wenn du es tatsächlich ernst meinst, kann dir dein Leitbild zu enorm positiven Veränderungen in allen Lebensbereichen verhelfen. Was alles möglich ist? Das zeigt der folgende Bericht eines guten Bekannten:

Ein neuer Vater

Ich möchte dir kurz die Geschichte meines Lebens und meines Leitbilds erzählen. Ich habe eine professionelle Ausbildung in Human Relations und Psychologie. In Anbetracht meiner einschlägigen Vorbildung sollte man also annehmen, dass ich weiß, wie man ein guter Vater ist und ein glückliches Familienleben gestaltet.

Es ist nun aber so, dass ich ein sehr kritisch veranlagter Mensch bin. Ich ertappe andere bei ihren Unzulänglichkeiten – ohne auch nur eine Sekunde darüber nachzudenken. Wenn ich abends nach der Arbeit nach Hause komme, registriere ich sofort die 90 Dezibel laute Musik oder den winzigen Pizzasoßenfleck auf dem Esstisch.

Ich bemerke gleich, welcher meiner Jungs sein Zimmer nicht aufgeräumt, sein Bett nicht gemacht und seine Hausaufgaben nicht erledigt hat. Ohne auch nur einmal mit der Wimper zu zucken, könnte ich sämtliche Verfehlungen meiner Kinder aufzählen.

Während ich mir Gedanken zu meinem Leitbild machte, suchte ich nach Beispielen. Dabei stieß ich auf eine Passage im Leitbild des schottischen Schriftstellers Robert Louis Stevenson. In seinem Leitbild schreibt der Autor des weltbekannten Jugendbuchklassikers »Die Schatzinsel«:

»Ich möchte grundsätzlich durch meine Gegenwart eine Familie glücklicher machen.«

Dieser Satz beeindruckte mich sehr. Denn ich hätte nicht behaupten können, dass sich meine Familie freute, wenn ich wieder mal an allem und jedem etwas auszusetzen hatte. Und so nutzte ich das Zitat von Robert Louis Stevenson als Richtschnur für mein eigenes Leitbild. Ich beschloss, die anderen nicht mehr andauernd für ihre Fehler zu kritisieren und immer nur auf die Dinge zu achten, die nicht perfekt waren. Stattdessen wollte ich alles daran setzen, dass meine Gegenwart meine Familie froh und glücklich machte!

Hier ist mein Leitbild:

Ich gehe mein Leben bedachtsam und klug an. Alles, was ich tue und sage, werde ich an allgemeingültigen, zeitlosen Prinzipien ausrichten. Anderen Menschen begegne ich mit Mitgefühl, Freundlichkeit und Fairness. Meine täglichen Herausforderungen meistere ich mit Energie, Kreativität und Humor.

Ich arbeite gerne, aber ich nehme mir auch genügend Zeit für meine Erholung, für Sport und Literatur und vor allem für meine Familie.

Meine Familie steht an erster Stelle in meinem Leben. Ich bringe mich so in unser Familienleben ein, dass ich eine Bereicherung für meine liebsten Menschen bin. Über Missgeschicke und Fehler sehe ich gelassen hinweg. Den Kindern gebe ich wertschätzendes Feedback und liebevolle Unterstützung:

**Meine Familie ist glücklich,
wenn wir gemeinsam Zeit verbringen!**

Das ist mein Leitbild. Daran richte ich mein Leben jetzt aus. Eine Weile nachdem ich mein Leitbild erstellt hatte, bat ich meine Familie, es zu lesen. Daraufhin sagte mein ältester Sohn mit einem Lächeln:

»Jetzt verstehe ich, warum Papa plötzlich ganz anders ist. Papas Leitbild hat uns einen neuen Vater geschenkt!«

Auftrieb für dein Leitbild

Wie hat der Vater es geschafft, sein Leitbild umzusetzen, seine schlechten Gewohnheiten abzulegen und eine Bereicherung für seine Familie zu werden? Hier kommen wir wieder zur Kunst der **Visualisierung**: Nehmen wir an, dir geht es wie dem Vater aus unserem Beispiel. Du liebst deine Kinder über alles. Nehmen wir außerdem an, dass du als einen deiner grundlegenden Werte in deinem persönlichen Leitbild festgehalten hast, dass du eine liebevolle Mutter oder ein liebevoller Vater sein willst. Doch im Alltag hast du das Problem, dass du oft überreagierst. Was machst du dann?

Nutz die Visualisierungskraft deiner rechten Gehirnhälfte, um eine »Affirmation« zu formulieren. Halt diese Affirmation schriftlich fest. Das wird dir helfen, mehr Übereinstimmung mit deinen innersten Werten und deinen wichtigsten Prinzipien im Alltag zu erreichen.

Die 5 Merkmale einer wirkungsvollen Affirmation

Eine wirkungsvolle Affirmation zeichnet sich durch 5 wesentliche Punkte aus:

- Sie ist **persönlich**,
- sie ist **positiv**,
- sie ist im **Präsens** formuliert,
- sie ist **visuell** und
- sie ist **emotional**.

Du könntest beispielsweise schreiben:

»Es ist für mich (persönlich) eine Herzensangelegenheit (emotional), dass ich liebevoll, umsichtig und beherrscht (positiv) reagiere (Präsens), wenn meine Kinder sich in meinen Augen danebenbenehmen.«

Diese Affirmation kannst du dann immer wieder visualisieren. Gönn dir jeden Tag einige Minuten, um dir Situationen vorzustellen, in denen sich deine Kinder danebenbenehmen. Such dir einen ruhigen, ungestörten Ort und mal dir alles bis ins kleinste Detail aus. Du kannst den Bezug des Sessels, auf dem du gerade sitzt, den Boden unter deinen Füßen und die angenehme Flauschigkeit deines Pullovers spüren. Du kannst den Gesichtsausdruck deiner Tochter oder deines Sohnes sehen. Du kannst den Tonfall ihrer Stimmen hören. Je deutlicher und lebhafter du dir die Details vorstellst, desto intensiver wirst du die Situation erleben, desto weniger wirst du in der Rolle des Zuschauers sein.

Wenn du ganz in deiner Visualisierung versunken bist, malst du dir aus, wie deine Kinder etwas tun, was deinen Puls normalerweise in die Höhe schnellen und die Wut in dir aufsteigen lässt. Doch statt deiner üblichen Reaktion stellst du dir nun vor, wie du die Situation genauso liebevoll, umsichtig und beherrscht meisterst, wie du es in deiner Affirmation beschrieben hast.

So lebst du im Einklang mit deinen Werten und Prinzipien!

Visualisierung und Affirmation sind wirkungsvolle Werkzeuge, um dein eigenes Programm, dein eigenes Drehbuch schreiben, das im Einklang mit deinen Werten, deinen Prinzipien und deinem Leitbild steht. Wenn du das tust, wird dein Verhalten sich jeden Tag ein wenig ändern. Du wirst die Drehbücher, die dir deine Eltern, die Gesellschaft, deine Gene oder deine Umwelt mitgegeben haben, hinter dir lassen. Stattdessen wirst du dein persönliches Leitbild umsetzen und nach dem Skript leben, das du aus deinem selbst gewählten Wertesystem heraus geschrieben hast!

Wer profitiert von deinem Leitbild?

Das Beispiel, das wir gerade durchgespielt haben, zeigt: Ein persönliches Leitbild zieht weite Kreise. Es bringt nicht nur **positive Veränderungen** für dich selbst, sondern auch für die Menschen in deinem Umfeld. Ob in der Familie, im Freundes- und Bekanntenkreis oder im Beruf: Schreib gleich auf, wer außer dir noch von deinem Leitbild profitieren kann und soll. Setze klare Prioritäten. Trag die Namen in die nummerierten Kreise unten ein. Auch hier gilt: Weniger ist mehr! Beschränk dich auf 7 Menschen, die eine besonders wichtige Rolle in deinem Leben spielen. Natürlich kannst du manche Personen auch unter einem Begriff zusammenfassen – beispielsweise Kollegen, Mitarbeiter oder Teammitglieder:

1. ....

2. ....

3. ....

4. ....

5. ....

6. ....

7. ....

Was hält dich ab?

Ein persönliches Leitbild ist nicht nur ein großer Gewinn für einen selbst, sondern auch für andere Menschen. Dennoch haben viele kein persönliches Leitbild. Warum das so ist? Hier kommen die häufigsten Ausreden, die uns davon abhalten, ein persönliches Leitbild zu entwickeln:

Ausrede: Das mache ich später!

Sehr viele Menschen finden ein Leitbild durchaus wichtig. Sie glauben, dass es schon schön wäre, eines zu haben. Aber weil es von niemandem eingefordert wird, denken sie: »Ach, das ist noch so ein offener Punkt auf meiner To-do-Liste. Andere Dinge sind gerade einfach dringender. Für mein Leitbild werde ich irgendwann schon noch Zeit finden. Das ist nicht dringend und hat überhaupt keine Eile. Mein Leitbild muss nicht zu einem bestimmten Termin fertig sein. Es gibt keine Deadline. Niemand drängt mich. Es tickt keine Uhr.«

Abhilfe:

Allzu oft werden die wichtigen Dinge von den dringenden verdrängt. Hier heißt es umdenken. Halte dich an den 3. Weg zur Effektivität: »Das Wichtigste zuerst tun!« Davon war zu Beginn dieses Buches bereits kurz die Rede. Mach dein Leitbild zu deiner Top-Priorität. Leg einen Termin fest, bis wann es fertiggestellt sein wird. Blocke feste Zeitfenster für die Arbeit an deinem Leitbild in deinem Kalender. Nimm diese »Leitbild-Termine« genauso ernst wie eine wichtige geschäftliche Verpflichtung. Plane genügend Zeit ein. Bitte denk dran, dass ein Leitbild nichts ist, was man einfach so aus dem Handgelenkt schütteln kann. Ideal ist es, wenn du dich für ein paar Stunden an einen ungestörten Ort zurückziehst, um dein Leitbild in aller Ruhe zu entwickeln. Also, schieb dein Leitbild nicht weiter auf die lange Bank. Trag gleich in den folgenden Kasten das Datum ein, bis wann dein Leitbild fertig sein wird:

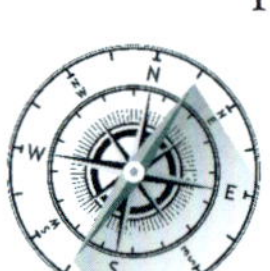

Mein Leitbild ist fertig am:

....

Damit du deinen Leitbild-Termin auch sicher einhältst, kannst du einen kleinen Trick nutzen: Sag einem Menschen, dem du hundertprozentig vertraust, dass du ihm dein Leitbild genau an diesem Tag schicken wirst. Und: Bitte diese Person, dich 10 Tage vorher an die Abgabe deines Leitbilds zu erinnern. Das wird dir eine Extraportion Motivation geben, um mit der Entwicklung deines Leitbilds pünktlich fertig zu sein.

Ausrede: Das schaffe ich nie!

Wenn wir ein Leitbild formulieren, sagen wir nichts anderes als: »So will ich sein. Das sind meine höchsten Werte und Prinzipien. Darum soll sich mein Leben in Zukunft drehen!« Im Gegensatz dazu steht das, was wir wirklich tun. Anders ausgedrückt: Zwischen unseren Idealen und der Realität besteht oft eine ziemliche Diskrepanz. Diese Diskrepanz verursacht bei vielen ein ungutes Gefühl. Deshalb schrecken sie vor der Beschäftigung mit ihrem persönlichen Leitbild zurück. Sie denken, dass das nur dazu führt, dass die Kluft zwischen Wunsch und Wirklichkeit umso deutlicher zutage tritt.

Abhilfe:

Natürlich ist es nicht angenehm, wenn man bemerkt, dass die Ist-Situation nicht dem entspricht, was man sich in Wahrheit vom Leben erhofft. Doch mit der Entwicklung deines persönlichen Leitbilds mischst du die Karten neu. Deshalb: Hake endgültig ab, was in der Vergangenheit war. Erstelle dein persönliches Leitbild und sorg dafür, dass die Kluft zwischen Wunsch und Wirklichkeit jeden Tag ein bisschen kleiner wird.

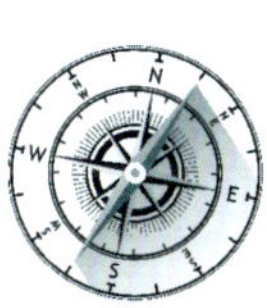

Ausrede: Wir haben in der Firma ein Leitbild, aber das ist nur heiße Luft!

Viele Unternehmensleitbilder strotzen nur so von Begriffen wie Respekt, Wertschätzung, Vertrauen, Nachhaltigkeit und Kundenorientierung. Und bei fast allen steht der Mensch im Mittelpunkt. An sich ist das natürlich nicht falsch. Aber es macht Unternehmensleitbilder austauschbar. Die Mitarbeiter finden sich darin häufig nicht wieder. Und genau deshalb sind Unternehmensleitbilder oft nur leere Worte, die der Belegschaft von der Geschäftsführung diktiert wurden. Es bringt nichts, wenn die Chefetage das Leitbild einfach vorgibt. Unternehmensleitbilder funktionieren nur, wenn die Mitarbeiter proaktiv in die Entwicklung einbezogen werden. Dann können sie sich mit dem Leitbild identifizieren und mithelfen, dass die genannten Werte im Unternehmen tatsächlich gelebt werden.

Abhilfe:

Dein persönliches Leitbild wird dir nicht von anderen vorgegeben oder aufgezwungen. Du entwickelst es selbst – von der ersten vagen Idee bis zur endgültigen Fassung. Und du allein entscheidest, was in deinem Leitbild steht. Es liegt ausschließlich an dir, welche Werte, Prinzipien und Ziele hier genannt werden. Deshalb kann man ein persönliches Leitbild auch nicht mit einem Unternehmensleitbild vergleichen. Du wirst sehen: Wenn du ein Leitbild entwickelt hast, mit dem du dich wirklich identifizieren kannst, wirst du es auch umsetzen. Und das wird dir sogar sehr viel Freude machen!

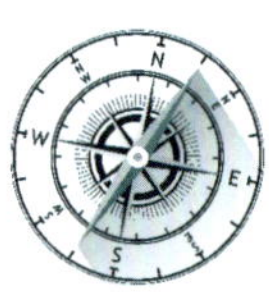

BUCHTIPP: Willst du wissen, wie man ein Unternehmensleitbild erstellt, das wirklich etwas bringt? In der Klassikausgabe meines Buches **»Die 7 Wege zur Effektivität«** findest du viele praktische Tipps und Anregungen zur Entwicklung eines Unternehmensleitbilds. Weitere Infos unter: **www.stephen-covey.de**

Wo liegt das Problem?

Manche Menschen haben ein persönliches Leitbild und setzen es dann doch nicht um. Woran liegt das? Meist sind die folgenden 3 Punkte dafür verantwortlich, dass ein Leitbild unbeachtet in der Schublade verstaubt:

1. **Das Leitbild ist nicht »echt«**
   Was ich damit meine? Viele finden es schön, ein persönliches Leitbild zu haben. Doch sie sind nicht bereit, sich intensiv mit ihrem persönlichen Leitbild auseinanderzusetzen. Stattdessen übernehmen sie das Leitbild von jemand anderem – mit dem Hinweis, dass darin ja einige Dinge enthalten sind, die durchaus auf sie zutreffen. Viele machen es sich sogar noch einfacher. Sie suchen sich irgendein schönes Zitat aus und erklären es zu ihrem persönlichen Leitbild. Doch das ist nicht ihr Leitbild. Sie identifizieren sich nicht damit, weil es ihre Lebensträume und ihre Herzenswünsche nicht widerspiegelt. Es bringt ihre Augen nicht zum Leuchten. Deshalb wird es auch keine große Wirkung auf ihr Leben haben:

Ein persönliches Leitbild ist kein Kalenderspruch, den man im Vorbeigehen liest und dann schnell wieder vergisst!

Zugegeben, die Entwicklung eines persönlichen Leitbilds ist viel Arbeit. Sie erfordert gründliches Nachdenken und schonungslose Offenheit. Manchmal wird man auch Dinge bemerken, die einem vielleicht nicht so gut gefallen. Doch: Bei der Entwicklung deines persönlichen Leitbilds wirst du auch viele gute Seiten an dir entdecken. Die Mühe lohnt sich also. Denn:

Dein persönliches Leitbild wird dich ein Leben lang begleiten und dir den Weg zu deinen Zielen und Träumen weisen!

2. Das Leitbild ist nur eine lange Liste mit beliebigen Zielen

Ich habe mit einigen Menschen gesprochen, die ein Leitbild entwickelt haben und sagen: »Na ja, daraus ist leider nicht viel geworden.« Wenn sie mir ihr Leitbild dann zeigen, handelt es sich meistens um eine Auflistung von oberflächlichen Zielen. Da geht es vor allem um Dinge, die jemand besitzen will, oder um Orte, die er besuchen will:

- »Ich will einen Porsche fahren!«
- »Ich will ein Pferd haben!«
- »Ich will ein Haus am Meer kaufen!«
- »Ich will eine Weltreise machen!«
- »Ich will mehrere Millionen auf dem Konto haben!«

Eine derartige Liste macht einen nicht frei. Im Gegenteil: Sie schränkt uns ein und verhindert, dass wir unser wahres Potenzial zur Entfaltung bringen können. Denn:

Ein persönliches Leitbild ist keine lapidare Löffelliste mit Dingen, die man im Leben noch »genießen« oder »abarbeiten« will. Ein Leitbild kratzt nicht nur an der Oberfläche. Es spiegelt eine wesentlich tiefere Ebene wider!

Ein Sportwagen, ein Pferd, ein Ferienhaus, eine Weltreise oder ein prall gefülltes Konto: Das alles können nette Ziele sein. Aber hängen davon deine Lebensaufgabe und dein Lebensglück ab? Hoffentlich nicht! Identität, Lebenssinn und Glück haben tiefere Wurzeln – und genau darum geht es in deinem persönlichen Leitbild.

3. Das Leitbild ist stark ich-zentriert

Der dritte Grund, weshalb Leitbilder nicht funktionieren, ist eng mit dem zweiten verknüpft: Die Leitbilder sind purer Egoismus. Eine Ansammlung von selbstbezogenen, geradezu narzisstischen Wünschen:

- »Ich will das haben …«
- »Ich will das sein …«
- »Ich will das tun …«

Weshalb solche Leitbilder nicht funktionieren, zeigt die Hirnforschung. Zahlreiche Studien belegen, dass unser Gehirn großzügiges, selbstloses Handeln mit Glück verknüpft. Das heißt:

Wahres Glück entsteht nicht, wenn wir nur an uns selbst denken. Wahres Glück entsteht aus dem, was wir geben, was wir beitragen und leisten.

Der griechische Philosoph Aristoteles soll gesagt haben, die Essenz des Lebens bestehe darin, »anderen zu dienen und Gutes zu tun«. Es scheint, dass immer mehr Menschen erkennen, dass das Engagement für andere letztlich der Schlüssel zu unserem eigenen Glück ist. Je mehr jemand gibt, desto mehr lebt er für etwas, das größer und wichtiger ist als er selbst. Ein gutes Beispiel dafür ist meine Enkelin Shannon:

Der Wendepunkt

Shannon engagiert sich für Waisenkinder in Rumänien. Dieses Engagement brachte den entscheidenden Wendepunkt in ihrem Leben. Als sie ein krankes Kind auf ihrem Schoß hatte, das sich voller Vertrauen in ihre

Arme schmiegte, wusste Shannon plötzlich: »Ich will kein egoistisches Leben mehr führen. Ich will mein Leben damit verbringen, anderen zu helfen und einen Beitrag für sie zu leisten.«

Die Menschen, für die wir besondere Hochachtung empfinden, sind diejenigen, die geben. Es sind Menschen, die etwas bewirkt haben in der Welt und im Leben von anderen. Viele dieser Menschen sind nicht bekannt oder berühmt. Der wahre Sinn des Lebens besteht nicht darin, Karriere zu machen und »erfolgreich zu sein«. Wer nur auf seinen Erfolg und auf seine Karriere achtet, fragt: »Was gibt es für mich zu gewinnen?« Wer nach seiner wahren Berufung im Leben sucht, fragt: »Was kann ich geben? Wie kann ich in meinem Leben und im Leben meiner Mitmenschen etwas bewirken?«

Du musst die Welt nicht verändern, um deinem Leben einen Sinn zu geben. Die Pädagogin Maren Mouritsen hat das sehr schön formuliert: »Die meisten Menschen bewirken niemals große Dinge. Aber wir können auch kleine Dinge auf großartige Art und Weise bewirken.«

Ob liebevoller Einsatz für die Familie oder ehrenamtliches Engagement für die Allgemeinheit: Denk doch nur einmal an deine Eltern, deine Großeltern oder an jemand anderen aus deinem Umfeld, der sich für andere engagiert. Diese Menschen bewirken wirklich etwas in der Welt. Ihr Leben hat einen tieferen Sinn. Auch wenn sie längst nicht mehr unter uns sind, bleibt ihr Vermächtnis bestehen!

Warum bist du auf der Welt?

Was ist der wahre Sinn deines Daseins?

Leben!

Lieben!

Lernen!

Ein Lebenswerk schaffen!

So entwickelst du dein persönliches Leitbild!

Du weißt nun, worauf es bei deinem persönlichen Leitbild ankommt. Und du hast dir schon viele Gedanken über dein Leitbild gemacht und viele wichtige Dinge notiert. Nun kommt der nächste Schritt. Jetzt erfährst du, wie du dein persönliches Leitbild aufs Papier bringst.

Also, legen wir los!

11. Was macht ein gutes Leitbild aus?

Bevor du mit dem Erstellen deines persönlichen Leitbilds beginnst, wollen wir uns ansehen, welche 4 Kriterien ein gutes Leitbild auszeichnen:

Ein gutes Leitbild ist zeitlos

Das bedeutet, dass du alles so formulierst, als würde sich dein Leitbild nie mehr ändern. Das heißt natürlich nicht, dass du dein Leitbild nicht regelmäßig überarbeiten sollst. Im Gegenteil! Doch dein Leitbild soll so formuliert sein, als ob es für immer gültig wäre. Warum? Natürlich geht es in deinem Leitbild um deine Ziele. Doch es geht noch um viel mehr. Es geht um **Prinzipien**. Ziele sind situationsabhängig. Prinzipien dagegen sind zeitlos und allgemeingültig. Sie wirken immer und überall und beziehen sich auf dein gesamtes Leben. Deshalb sollte dein Leitbild – genau wie deine Prinzipien – zeitlos sein!

Ein gutes Leitbild beschreibt die Ziele und die Mittel

Das heißt: Dein Leitbild enthält nicht nur die wichtigsten Ziele, die du im Leben erreichen willst. Es beschreibt auch, mit welchen Mitteln du deine großen Lebensziele erreichen kannst. Praktisch gesprochen bedeutet das: Aus deinem Leitbild geht klar hervor, welche **Werte** und **Prinzipien** dir helfen, deine Ziele zu realisieren. Wie das genau geht? Das zeige ich dir später an einigen konkreten Beispielen.

Ein gutes Leitbild umfasst alle Lebensrollen

Über deine Lebensrollen haben wir ja bereits gesprochen. Du hast deine **7 wichtigsten Lebensrollen** auch schon ermittelt. Egal, wie dein Leitbild später aussieht: Es sollte alle deine Lebensrollen einbeziehen.

Natürlich musst du nicht jede Rolle einzeln in deinem Leitbild aufzählen. Aber du solltest darauf achten, dass die Inhalte deines Leitbilds zu jeder deiner Lebensrollen passen. Wenn das nicht der Fall ist, solltest du deine Lebensrollen noch einmal gründlich überdenken. Beispielsweise wäre es nicht stimmig, wenn du dem Schutz der Umwelt in deinem Leitbild einen hohen Stellenwert einräumen würdest, gleichzeitig aber in deiner Rolle als Vorstandsmitglied eines großen internationalen Palmölproduzenten aktiv zur Abholzung der Regenwälder beiträgst.

Ein gutes Leitbild hat einen Sinn und eine Wirkung

Dein persönliches Leitbild beschreibt, welchen Sinn dein Leben hat und welche **positiven Auswirkungen** es auf andere Menschen haben soll. Oder um es mit den Worten von Helen Keller zu sagen:

> **»Viele Menschen haben eine falsche Vorstellung davon, was wahres Glück bedeutet. Nicht durch Selbsterfüllung werden wir glücklich, sondern indem wir getreulich auf ein hohes Lebensziel hinarbeiten.«**

Leben, lieben, lernen und ein Lebenswerk schaffen

»Leben, lieben, lernen und ein Lebenswerk schaffen!« Das klingt gut und regt zum Nachdenken an. Doch es ist weit mehr als nur ein schöner Spruch. Denn es beschreibt alles, was unser Dasein ausmacht. Im Grunde ist es ein einfacher, klarer und leicht anwendbarer **Leitgedanke für ein gelingendes Leben**:

Leben

Hier geht es um unseren **Körper**, um unsere physischen Bedürfnisse. Das umfasst alles, was unser Überleben sicherstellt. Essen, Trinken, ein Dach über dem Kopf und genügend Geld haben. Wir alle müssen dafür sorgen, dass diese grundlegenden Bedürfnisse gestillt werden. Doch das Wort »Leben« steht noch für einen weiteren, völlig anderen Aspekt. Es geht auch darum, dass wir unser Leben genießen und uns den Menschen und den Dingen widmen, die uns wirklich am Herzen liegen.

Lieben

Hier dreht sich alles um unser **Herz**. Lieben steht für unsere Beziehungen. Ob Freundlichkeit, Achtsamkeit, Toleranz, Respekt oder Fürsorge und Hilfsbereitschaft: Lieben beschreibt, wie wir einander begegnen und wie wir miteinander umgehen. Denn: Jeder Mensch hat das Bedürfnis nach Kontakt, Verbundenheit und Nähe. Wir wollen Teil einer Gemeinschaft sein, unser Leben teilen, unsere Erlebnisse und unsere Erfahrungen.

Lernen

Hier steht unser **Verstand** im Mittelpunkt. Lernen heißt, dass wir unsere Neugier und unseren Wissensdurst bis ins hohe Alter bewahren. Wir bleiben nicht stehen, sondern entwickeln uns immer weiter. Zudem helfen wir uns gegenseitig dabei, uns weiterzuentwickeln, aus den Erfahrungen anderer zu lernen, unsere Talente zu erkennen, auszubauen, einzusetzen und Anerkennung dafür zu bekommen.

Ein Lebenswerk schaffen

Hier geht es um unsere **Seele**. Ein Lebenswerk schaffen: Das ist es, was wirklich im Leben zählt. Im Blickpunkt steht die Antwort auf die Frage: »Wozu bin ich überhaupt auf der Welt?« Ein Lebenswerk schaffen bedeutet, dass wir unserem inneren Bedürfnis nachkommen, unserem Dasein einen tieferen Sinn zu geben. Dass wir einen wertvollen Beitrag leisten und etwas Positives bewirken. Oder um es mit den Worten von Albert Schweitzer zu sagen:

»Ich weiß nicht, wie Ihr Schicksal aussehen wird, aber eines weiß ich genau: Glücklich werden am Ende nur diejenigen sein, die nach etwas suchten, in dessen Dienst sie ihr Leben stellen konnten, und die dabei fündig wurden.«

Die 4 Grundbedürfnisse des Menschen

»Leben, lieben, lernen und ein Lebenswerk schaffen!« – das steht für die 4 Grundbedürfnisse, die jeder Mensch hat. Deshalb solltest du bei der Entwicklung deines persönlichen Leitbilds darauf achten, dass es alle vier Grundbedürfnisse abdeckt. Wenn das der Fall ist, wird dein Leitbild seine volle Wirkung entfalten:

Leben	Körper	Physische Dimension
Lieben	Herz	Emotionale Dimension
Lernen	Verstand	Mentale Dimension
Ein Lebenswerk schaffen	Seele	Spirituelle Dimension

Läuft alles »rund« in deinem Leben?

Leben, lieben, lernen und ein Lebenswerk schaffen: Diese 4 Grundbedürfnisse machen unser Menschsein aus. Wenn du auch nur eines dieser Bedürfnisse vernachlässigst, wirkt sich das automatisch auf alle anderen aus. Dann läuft etwas nicht »rund« in deinem Leben. Es ist ähnlich wie bei einem Auto: Wenn ein Reifen zu wenig Luft enthält, dann kommst du nur mühsam voran. Mehr noch: Früher oder später ist der Reifen platt – und nichts geht mehr! Deshalb: **Denk an die 4 Autoreifen**. Achte darauf, dass alle 4 Grundbedürfnisse gleichermäßen zu ihrem Recht kommen.

Das Problem mit dem Gleichgewicht

Wenn Leute daran arbeiten, ihre Karriere voranzubringen, dann gibt es immer wieder ein grundlegendes Problem: Viele denken zu einseitig. Sie verlieren das Gefühl für die natürliche Ausgewogenheit, die für ein sinnerfülltes, glückliches Leben unabdingbar ist. Beispielsweise ordnen sie alles der Arbeit unter und vernachlässigen ihre Gesundheit. Bei vielen bleiben im Namen des beruflichen Erfolgs oft auch die wichtigsten persönlichen Beziehungen auf der Strecke. Partnerschaften zerbrechen und die Kinder kommen viel zu kurz. Die gute Nachricht? Mit deinem persönlichen Leitbild kannst du gegensteuern. Es hilft dir, die 4 menschlichen Grundbedürfnisse ins Gleichgewicht zu bringen.

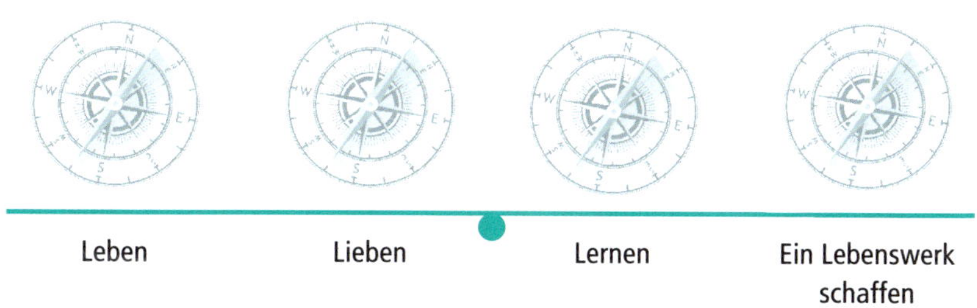

Balance für dein Leitbild und dein Leben

Bring dein Leitbild und dein Leben in Balance. Wie das geht? Nimm die letzten 3 Wochen einmal genau unter die Lupe. Schreib in die Rechtecke unten, wie viel Prozent deiner Zeit du den 4 Grundbedürfnissen durchschnittlich pro Woche widmest. Notiere auch, wie viel Zeit du jede Woche in Zukunft in die 4 verschiedenen Grundbedürfnisse investieren willst. **Und noch ein wichtiger Hinweis:** Es geht nicht darum, dass du für jedes Grundbedürfnis 25 Prozent deiner Zeit reservierst. Bei den meisten Menschen beansprucht »Leben« den größten Teil der Zeit. Das ist ganz normal. Wichtig ist, dass du in Zukunft dafür sorgst, dass jedes der 4 menschlichen Grundbedürfnisse in deinem Leitbild und damit auch in deinem Leben ausreichend Berücksichtigung findet:

LEBEN

Ist: .... Prozent meiner Zeit

Soll: .... Prozent meiner Zeit

LIEBEN

Ist: .... Prozent meiner Zeit

Soll: .... Prozent meiner Zeit

LERNEN

Ist: .... Prozent meiner Zeit

Soll: .... Prozent meiner Zeit

EIN LEBENSWERK SCHAFFEN

Ist: .... Prozent meiner Zeit

Soll: .... Prozent meiner Zeit

Wie anders unser Leben doch ist, wenn wir wissen, was wirklich wichtig ist. Wenn wir dieses Bild fest vor Augen haben, können wir jeden Tag dafür sorgen, das zu sein und das zu tun, was uns am Herzen liegt!

Checkliste für dein Leitbild

Wenn du an deinem Leitbild arbeitest, solltest du immer wieder prüfen, ob es alle wesentlichen Aspekte enthält. Die folgende Checkliste hilft dir dabei:

- Ist mein Leitbild **zeitlos**? Habe ich es so formuliert, als ob es sich nie mehr ändern würde?
- Beschreibt mein Leitbild nicht irgendwelche oberflächlichen, egozentrischen Ziele, sondern meine **Lebensvision**?
- Spiegelt mein Leitbild wider, auf welchen **Werten** und **Prinzipien** meine Lebensvision beruht?
- Bezieht sich mein Leitbild auf meine bedeutendsten **Lebensrollen**?
- Drückt mein Leitbild klar aus, was das **Allerwichtigste** in meinem Leben ist?
- Bringt mein Leitbild das Beste in mir zum Vorschein?
- Erklärt mein Leitbild, welchen **höheren Sinn** mein Leben hat?

Berücksichtigt mein Leitbild die 4 menschlichen Grundbedürfnisse?

- Leben – Körper
- Lieben – Herz
- Lernen – Verstand
- Ein Lebenswerk schaffen – Seele

12. Wie soll dein Leitbild aussehen?

Nun weißt du, welche wesentlichen Aspekte ein gutes Leitbild abdecken sollte. Aber welche Inhalte und welche Form sollte dein persönliches Leitbild haben? Was gibt es hier alles zu beachten? Die gute Nachricht: Für dein persönliches Leitbild gibt es **keine Vorschriften** und auch **keine Patentrezepte**.

Jeder Mensch ist einzigartig. Das spiegelt sich auch in unseren persönlichen Leitbildern wider. Kein Leitbild ist wie das andere. Sowohl die Form als auch der Inhalt sind bei jedem von uns völlig verschieden.

Die Entscheidung liegt bei dir

Ob Partner, Eltern, Kinder, Kollegen oder Vorgesetzte: Wenn du dein persönliches Leitbild entwickelst, geht es nicht darum, dass andere damit zufrieden sind. Es ist kein Aufsatz, für den du eine Note bekommst. Das Leitbild muss vor allem einer Person gefallen – und diese Person bist du. Dein Leitbild ist etwas sehr Persönliches. Du musst dich darin wiederfinden und dich damit wohlfühlen. Das ist das, was am Ende wirklich zählt! Wie du dein Leitbild gestaltest, entscheidest du allein. Es gibt nur eine Sache, an die du dich bitte unbedingt halten solltest:

Die einzige Regel für dein Leitbild lautet:

Verfasse dein persönliches Leitbild auf jeden Fall schriftlich!

Ein Leitbild, das nur in deinen Gedanken existiert, ist nichts als eine vage Idee. Es ist nicht ausgereift und bringt dich nicht ins Handeln. Im Gegenteil: Wenn du keine schriftliche Fassung deines Leitbilds hast, sind die guten Vorsätze für dein Leben ganz schnell wieder vergessen. Das kennst du wahrscheinlich von Silvester. Die meisten guten Neujahrsvorsätze werfen wir schon nach wenigen Tagen wieder über Bord. Deshalb gilt:

Ein Leitbild ist gut – ein schriftliches Leitbild ist noch sehr viel besser!

Was ist, wenn du ein Schreibmuffel bist?

Keine Sorge! Beim Aufschreiben deines persönlichen Leitbilds geht es nicht darum, den perfekten Text oder gar einen Bestseller zu verfassen. Und es muss auch nicht dein Ziel sein, eine bestimmte Mindestanzahl an Wörtern aufs Papier zu bringen. Wichtig ist, dass dein persönliches Leitbild authentisch ist und zum Ausdruck bringt, was dir in deinem Leben wirklich wichtig ist. Du wirst sehen: Sobald du die ersten Sätze geschrieben hast, wird es dir Spaß machen, dein Leitbild immer weiter auszuformulieren.

Wer schreibt, der bleibt!

»Wer schreibt, der bleibt!« Wahrscheinlich kennst du dieses alte Sprichwort. Das solltest du auch bei deinem persönlichen Leitbild beherzigen. Verfasse dein Leitbild unbedingt schriftlich – und zwar ganz klassisch mit der Hand! **Das Schreiben mit der Hand destilliert, kristallisiert und klärt die Gedanken.** Wenn du dein Leitbild handschriftlich abfasst, bringt dir das viele Vorteile. Hier kommen die wichtigsten 6:

1. Höhere Konzentration
2. Mehr Kreativität
3. Gesteigerte Effektivität
4. Übersichtlichere Struktur
5. Größere Wirkung
6. Bessere Umsetzungsquote

Praktischer Hinweis für dich!

Es ist wichtig, dass du dein Leitbild zunächst handschriftlich verfasst. Aber: Wenn du eher der digitale Typ bist, kannst du es später natürlich jederzeit abtippen. Das Abtippen ermöglicht es dir, dein Leitbild noch einmal zu überdenken und gegebenenfalls Änderungen oder Ergänzungen vorzunehmen. Und wenn du Freude daran hast, kannst du es bei dieser Gelegenheit auch gleich digital aufbereiten und optisch in Form bringen.

Lass deiner Fantasie freien Lauf!

Wenn du dein persönliches Leitbild handschriftlich aufs Papier bringst, sind deiner Fantasie keine Grenzen gesetzt. Hier sind einige Vorschläge und Ideen für dich:

Ideen für dein Leitbild

- Magst du **Gedichte**? Reimst du gerne? Wie wäre es dann, wenn du dein Leitbild in Gedichtform abfassen würdest?

- Liebst du Musik? Hast du einen Lieblingssong? Oder gibt es eine Melodie, die dir besonders gut gefällt? Dann erstell dein Leitbild als **Song** – mit Text und Melodie.

- Magst du kurze, prägnante Texte? Dein persönliches Leitbild muss kein endlos langer Aufsatz sein. Es genügt, wenn du dein Leitbild mit wenigen, aber treffenden **Stichworten** auf den Punkt bringst.

- Zeichnest du gerne? Das ist perfekt! Denn dann kannst du dein Leitbild mit deinen eigenen **Zeichnungen** illustrieren.

- Erstellst du gerne **Collagen**? Dann mach eine Collage aus den Kernaussagen deines Leitbilds und Bildern, die gut dazu passen.

So funktioniert's: Beispiele für Leitbilder

Ob Länge, Form oder Inhalt: Wie bereits erwähnt, ist jedes persönliche Leitbild genauso einzigartig wie der Mensch, der es verfasst hat. Von der Führungskraft über die alleinerziehende Mutter und den jungen Vater bis zum Teenager: Damit du eine konkrete Vorstellung davon gewinnst, wie ein persönliches Leitbild aussehen kann, kommen hier einige Beispiele für dich. Ganz wichtig:

Die folgenden Beispiele sollen dir als Impulsgeber, Mutmacher und Motivationsschub für dein Leitbild dienen. Allerdings bringt es nichts, wenn du einzelne Passagen aus den Beispielen wortwörtlich übernimmst. Hier solltest du dir nichts vormachen. Tatsache ist: Dein persönliches Leitbild wird dir nur dann wirklich etwas bringen, wenn es vom ersten bis zum letzten Satz von dir stammt!

Leitbild, das sich an den Lebensrollen orientiert

Bei der Erstellung deines Leitbilds kann es sehr hilfreich sein, wenn du dich an deinen Lebensrollen orientierst. Auf der nächsten Seite folgt das Beispiel einer Führungskraft. Sie hat die Idee der Rollen und der Ziele genutzt, um folgendes Leitbild zu entwickeln:

Leitbild von John

Meine Berufung ist, ein gutes Leben zu führen und dabei nicht nur an mich selbst zu denken, sondern auch für andere wichtig und wertvoll zu sein.

Um meine Berufung zu erfüllen:

Setze ich mich für andere ein: Ich widme meine Zeit, meine Talente und meine Fähigkeiten meiner Berufung.

Werfe ich meine Vorurteile über Bord: Ich gehe offen auf andere zu und bringe ihnen Wertschätzung entgegen – und zwar unabhängig von ihrer jeweiligen Situation.

Mache ich anderen Mut: Ich vermittle ihnen, dass jeder die Kraft hat, wie David einen Goliath zu überwinden.

Übe ich positiven Einfluss auf andere aus: Das, was ich tue, ändert etwas im Leben anderer Menschen.

Diese Rollen haben bei der Erfüllung meiner Berufung Vorrang:

Partnerschaft: Meine Frau ist der wichtigste Mensch in meinem Leben. Gemeinsam verwirklichen wir unseren Traum von einer glücklichen Beziehung und einer tollen Familie. Dabei sind uns Harmonie, gegenseitige Unterstützung, finanzielle Unabhängigkeit und Engagement für andere wichtig.

Vater: Für meine Kinder bin ich ein Vorbild. Ich liebe sie bedingungslos und helfe ihnen, selbstbewusste, fröhliche Menschen zu werden.

Sohn und Bruder: Ich bin für meine Familie »da«, wenn sie mich braucht.

Freund: Mein Umgang mit anderen macht meine Werte und Prinzipien sichtbar.

Führungskraft: Ich fördere meine Mitarbeiter und bin die Triebfeder für ihre persönliche und berufliche Weiterentwicklung. Gemeinsam erzielen wir erstklassige Leistungen und bringen unser Unternehmen voran.

Lernender: Ich lerne jeden Tag wichtige neue Dinge.

Leitbild mit wichtigen Schlüsselsätzen

Wenn du nicht gerne lange Texte schreibst, kannst du dein Leitbild auch aus wichtigen Schlüsselsätzen zusammensetzen. Das folgende Leitbild hat ein junger Familienvater verfasst. Er selbst hat es in seiner Kindheit nicht leicht gehabt. Deshalb ist es sein größter Wunsch, dass es seine Kinder besser haben sollen als er. Gerade ist er dabei, sich beruflich zu etablieren und den Grundstein für eine erfolgreiche Karriere und ein glückliches Familienleben zu legen:

Mein persönliches Leitbild

Zuerst im privaten Bereich und in der Familie Erfolg haben.

Nie die Karriere über die Familie stellen.

Dafür sorgen, dass meine Kinder unbeschwert und glücklich aufwachsen.

Bei der Ehrlichkeit keine Kompromisse eingehen.

Aufrichtig, aber doch entschlossen sein.

Die Bedürfnisse meiner Mitmenschen im Blick haben.

Alle Seiten anhören, bevor ich mir ein Urteil bilde.

Mir Rat von anderen holen.

Gemeinsam mit anderen erfolgreich sein.

Jedes Jahr mindestens eine neue, wichtige Fähigkeit entwickeln.

Heute die Aufgaben und Ziele von morgen planen.

Eine positive Einstellung und meinen Humor bewahren.

Keine Angst vor Fehlern haben – nur vor dem Ausbleiben kreativer, konstruktiver und korrektiver Reaktionen auf diese Fehler.

Alle meine Fähigkeiten und Kräfte auf die aktuelle Aufgabe konzentrieren und mir nicht ständig Sorgen wegen des nächsten Karriereschritts machen. Ich leiste gute Arbeit und werde im Beruf erfolgreich sein.

Am Ende meines Lebens glücklich darüber sein, was ich für meine Familie aufgebaut und geleistet habe!

Ausführliches Leitbild

Das folgende Leitbild stammt von einer Frau, die sehr gerne schreibt. Wenn auch du Spaß am Formulieren hast, kann dein Leitbild selbstverständlich etwas länger sein. Dann hast du eine ideale Ausgangsbasis, um dein Leitbild in einen »Leitsatz für dein Leben« umzuwandeln. Aber dazu kommen wir später noch. Hier erst einmal das Beispiel-Leitbild:

Der Sinn meines Lebens

Ich trage dazu bei, die Welt zu einem freundlicheren, friedlicheren Ort zu machen. Um dieses Ziel zu erreichen, konzentriere ich mich auf meinen Einflussbereich und beginne bei mir selbst. Ich begegne anderen mit einem Lächeln, offen, respektvoll und ohne Vorurteile.

Meine Werte und Prinzipien

- *Respekt und Toleranz*
- *Zuverlässigkeit*
- *Beharrlichkeit*
- *Freundlichkeit*
- *Familienglück*
- *Selbstfürsorge*
- *Engagement für andere*

Meine wichtigsten Menschen

Mein Mann und meine Tochter stehen für mich an erster Stelle:

Mein Mann ist die Liebe meines Lebens. Mein bester Freund, mein engster Vertrauter, mein wichtigster Verbündeter. Liebe, Loyalität, Vertrauen und Wertschätzung bilden das Fundament unserer Beziehung. Wir unterstützen uns gegenseitig und geben uns offenes, ehrliches Feedback in allen Lebenslagen.

Auch wenn das Zusammenleben mit einem pubertierenden Teenager nicht immer einfach ist, zeige ich meiner Tochter, dass ich sie ohne Wenn und Aber liebe. Sie soll selbstbewusst aufwachsen, ihre Träume mutig verwirklichen und viel Freude am Leben haben.

Mein Mann und meine Tochter wissen, dass ich für sie da bin. Wenn Konflikte auftauchen, schließen wir keine halbherzigen Kompromisse. Wir reden so lange miteinander, bis wir eine Lösung haben, die jedem von uns zusagt.

Mein Beruf und meine Berufung

Meine Arbeit in der Seniorenhilfe ermöglicht es mir, den Sinn meines Lebens jeden Tag zu erfüllen. Die Dankbarkeit und das Leuchten in den Augen der betagten Menschen machen mich glücklich und treiben mich an, mein Bestes zu geben. Ich mag es, in einem Team zu arbeiten, das sich schätzt und respektiert. Meine Vorgesetzte und meine Kollegen können sich auf mich verlassen – und ich kann mich auf sie verlassen! Gemeinsam setzen wir uns dafür ein, alten Menschen einen schönen, würdevollen Lebensabend zu ermöglichen. Um die Missstände in der Altenpflege aktiv anzusprechen und etwas Wirkungsvolles dagegen zu unternehmen, engagieren meine Kollegen und ich uns in der Vereinigung der Pflegenden.

Worauf ich besonders achte

Ich weiß: Nur wenn ich gut für mich sorge, kann ich gut für andere sorgen. Deshalb gönne ich mir regelmäßig Auszeiten vom Alltagstrubel, um Zeit für mich und meine Familie zu haben. Ich achte auf meine Gesundheit und auf eine bewusste Ernährung. Meine ungesunde Angewohnheit, es allen recht machen zu wollen und meine eigenen Bedürfnisse zu vernachlässigen, lasse ich hinter mir.

Mein Lebensmotto: Ich kann etwas bewegen!

Leitbild einer alleinerziehenden Mutter

Dieses Beispiel-Leitbild hat eine alleinerziehende Mutter geschrieben. Ihre Lebensaufgabe, ihr großes Ziel, besteht darin, Familienleben, Kindererziehung, Beruf und finanzielle Freiheit ins Gleichgewicht bringen:

Das Leitbild meines Lebens

Gleichgewicht

Ich stelle ein gutes Gleichgewicht zwischen meinem Beruf und meiner Familie her. Denn beides ist mir wichtig.

Zuhause

Mein Zuhause wird ein Ort sein, an dem meine Kinder und ich uns geborgen und glücklich fühlen. Freunde und Gäste sollen gerne bei uns sein. Im Hinblick auf das, was wir zu Hause essen, lesen, ansehen und tun, bin ich verantwortungsbewusst und wählerisch.

Kinder

Die wichtigste Aufgabe in meinem Leben sind meine Kinder. Sie sollen starke, selbstbewusste Persönlichkeiten werden, die zu sich selbst, zu ihren Werten und zu ihren Überzeugungen stehen. Ich bringe meiner Tochter und meinem Sohn bei, zu lieben, zu lernen, zu lachen. Mit viel Liebe und Geduld begleite ich meine beiden Kinder auf dem Weg zum Erwachsensein. Ich ermutige sie, ihren Träumen zu folgen und ihre einmaligen Talente und ihre individuellen Fähigkeiten weiterzuentwickeln.

Eigeninitiative

Ich bin ein Mensch, der die Initiative ergreift, um seine Lebensziele zu erreichen. Statt nur zu reagieren, gehe ich aktiv an die Dinge heran und nutze meine Chancen. Ich entwickle positive Gewohnheiten, die es mir ermöglichen, ausgetretene Pfade zu verlassen, Grenzen zu überwinden und meine Fähigkeiten und meine Entscheidungsmöglichkeiten zu vergrößern.

Geld ist mein Diener, nicht mein Herr

Ich strebe nach finanzieller Unabhängigkeit. Abgesehen von langfristigen Darlehen für die Wohnung und das Auto nehme ich keine Kredite auf. Ich gebe weniger aus, als ich verdiene. Einen Teil meines Einkommens spare ich und lege es achtsam an. Außerdem setzte ich mein Geld und meine Talente dafür ein, andere zu unterstützen und ihnen das Leben zu erleichtern und zu verschönern.

Leitbild einer Tierärztin

Das folgende Leitbild stammt von einer Tierärztin. Hier hat sie die wichtigsten Dinge in ihrem Leben kurz und bündig auf den Punkt gebracht:

Das ist das Wichtigste in meinem Leben!

Vor allen Dingen bleibe ich stets meinen Werten treu.

Ich liebe meine Familie. Sie gibt mir Kraft und stärkt mir den Rücken.

Ich nehme mir Zeit für meine Familie und meine Freunde. Ich werde sie auf keinen Fall vernachlässigen, mir aber auch ausreichend Zeit für mich selbst gönnen.

Ich meistere meine Herausforderungen eine nach der anderen. Mein Motto lautet: Großer Erfolg entsteht aus vielen kleinen Schritten.

Ich werde mich den Stürmen des Lebens mit Optimismus und nicht mit Zweifeln stellen.

Ich werde stets ein positives Bild und eine hohe Meinung von mir selbst haben. Denn ich weiß, dass der Erfolg aller meiner Vorhaben von meiner Selbsteinschätzung und meinem Zutrauen in die eigenen Fähigkeiten abhängt.

Ich bin auf der Welt, um ein guter, aufrichtiger Mensch zu werden. In meinem Beruf als Tierärztin helfe ich Tieren und ihren Haltern. Ich engagiere mich ehrenamtlich in der Tierhilfe, um Tierleid zu verhindern. Mir ist es wichtig, andere Menschen dafür zu sensibilisieren, dass Tiere keine Ware, sondern fühlende Lebewesen sind. Besonders am Herzen liegt mir der Kampf gegen illegalen Welpenhandel. Dagegen gehe ich mit allen Mitteln und Möglichkeiten, die ich habe, vor.

Leitbild eines Unternehmers

Gerade für Menschen, die beruflich stark eingespannt sind, ist ein persönliches Leitbild sehr nützlich. Es hilft ihnen, die wirklich wichtigen Dinge im Blick zu behalten und den beruflichen Erfolg nicht über alle andere im Leben zu stellen:

Mein persönliches Manifest

Mein Lebenssinn ist es, unser Familienunternehmen erfolgreich weiterzuführen und die Arbeitsplätze unserer Mitarbeiterinnen und Mitarbeiter zu sichern. Dieses Erbe betrachte ich nicht als Last, sondern als Chance und Geschenk. Für meine Mitarbeiter bin ich ein zuverlässiger Chef und ein Fels in der Brandung. Ich weiß, dass ich nicht alles alleine stemmen kann. Deshalb gebe ich nicht nur Aufgaben, sondern auch Verantwortung an andere ab. Das verschafft mir die Möglichkeit, mich um die Weiterentwicklung des Unternehmens zu kümmern und mir auch Zeit für mich und meine Familie zu nehmen.

Meine Familie ist mein Rückzugsort, meine Kraftquelle und meine Ruhepol. Natürlich wünsche ich mir, dass eines unserer Kinder in meine Fußstapfen tritt. Aber ich werde ihnen die Wahl lassen. Meinen Erfolg als Unternehmer will ich gerne teilen und der Gesellschaft etwas zurückgeben. Deshalb ist der stetige Ausbau unserer Familienstiftung eine Herzensangelegenheit für mich. Später möchte ich mit Stolz auf mein Lebenswerk schauen und mich darüber freuen, dass ich als Mensch und als Unternehmer viel Gutes für meine Familie, meine Mitarbeiter und die Gesellschaft bewirkt habe.

Leitbild einer Jugendlichen

Natürlich sind Leitbilder nicht nur wichtig für Erwachsene. Gerade für Teenager sind sie eine wertvolle Orientierungshilfe. Sie ermöglichen es ihnen, die Höhen und die Tiefen der Pubertät zu überstehen und frühzeitig die Weichen für ein glückliches, erfolgreiches und erfülltes Leben zu stellen. Das folgende Leitbild wurde von einem 16-jährigen Mädchen geschrieben:

Hier ist mein Leitbild

Wichtig nehmen

- das Leben
- die Welt und die Umwelt
- andere Menschen
- meine Werte und Prinzipien
- meine Wünsche, Ziele und Bedürfnisse

Lieben

- das Leben
- mich selbst
- meine Familie
- meine Arbeit

Lernen

- mich beständig weiterentwickeln
- auch nach der Schule weiter Neues lernen
- kontinuierlich Wissen und Erfahrung sammeln

Kämpfen

- für meine Werte und Überzeugungen
- für meine Lieblingsmenschen
- um etwas im Leben zu erreichen
- um positive Veränderungen anzustoßen
- um Gutes zu tun
- um mir selbst treu zu bleiben
- gegen Intoleranz und Gleichgültigkeit

Stark sein

- für mich und andere
- das Ruder in der Hand behalten
- Ziele hartnäckig verfolgen
- Träume verwirklichen
- Rückschläge mit Humor nehmen

Spuren hinterlassen!!!

Leitbild eines Jugendlichen

Dass ein Leitbild sehr kurz, sehr knapp und dennoch sehr wirksam sein kann, zeigt das folgende Beispiel. Es stammt von einem 17-jährigen Jungen. Damit er und andere jederzeit klar vor Augen haben, worum es ihm im Leben geht, hat er sein Leitbild in seinen Social-Media-Profilen verewigt:

F reude am Leben haben

R espekt gegenüber mir und anderen zeigen

E rfolg haben, aber nicht um jeden Preis

I ndividualität bewahren und zu mir selbst stehen

H umor in allen Lebenslagen an den Tag legen

E ntschlossenheit demonstrieren

I deale niemals leichtfertig aufgeben

T raumberuf – Experte für Social Media

BUCHTIPP: Falls du Teenager zu Hause hast, möchte ich dir **»Die 7 Wege zur Effektivität für Jugendliche«** ans Herz legen. Das Buch hat mein Sohn Sean geschrieben und speziell auf die Anforderungen von Teenagern abgestimmt. Weitere Infos dazu findest du unter: **www.stephen-covey.de**

13. In 7 Schritten zum persönlichen Leitbild

Hast du dir die Beispiel-Leitbilder gut angesehen? Und hast du dir Anregungen für dein eigenes Leitbild geholt? Prima. Denn jetzt bist du dran! Von der Ideensammlung über die Feedback-Schleife bis zum Finetuning: Auf den folgenden Seiten wartet eine **Schritt-für-Schritt-Anleitung** zur Erstellung deines persönlichen Leitbilds auf dich.

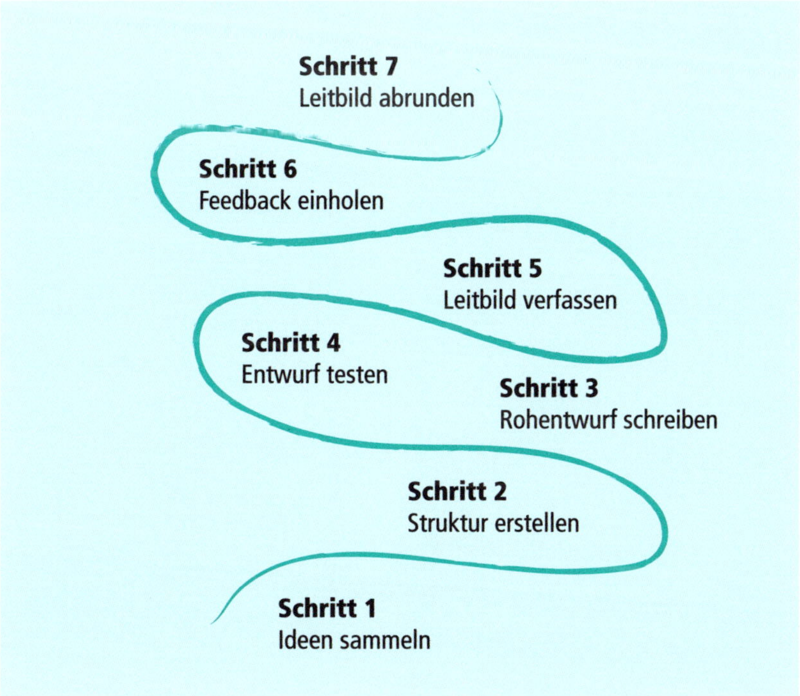

Schritt 1: Ideen sammeln

Die gute Nachricht? Wenn du dich bisher intensiv mit diesem Workbook beschäftigt und alle Übungen gemacht hast, hast du die Hauptarbeit für Schritt 1 bereits erledigt. ☺ Schreib nun ganz spontan auf, welche Inhalte und Formulierungen dein persönliches Leitbild unbedingt enthalten soll. Was ist dir wichtig? Was liegt dir besonders am Herzen?

....

....

....

....

....

....

....

....

....

....

Was soll noch in dein Leitbild?

Hast du viele gute Ideen für dein Leitbild zusammengetragen? Dann blätter jetzt dieses Workbook noch einmal durch. Sieh dir die Übungen und deine Antworten genau an. Höchstwahrscheinlich entdeckst du noch den einen oder anderen Punkt, den du in dein Leitbild aufnehmen möchtest. Notier diese Punkte gleich hier:

Schritt 2: Struktur erstellen

Es liegt ganz an dir, welche Struktur dein Leitbild bekommen soll. Viele empfinden es als sehr hilfreich, mit **Zwischenüberschriften** zu arbeiten oder sich an ihren **Lebensrollen** zu orientieren. Und wie soll dein Leitbild strukturiert sein? Um dir Anregungen zu holen, solltest du dir die Beispiel-Leitbilder auf den Seiten 123 bis 134 noch einmal ansehen. Arbeitest du gerne mit Skizzen oder Mindmaps? Dann kannst du natürlich auch eine Skizze oder eine Mindmap für dein Leitbild erstellen:

Grundgerüst für mein Leitbild

Schritt 3: Rohentwurf schreiben

Hast du viele gute Ideen für dein Leitbild gesammelt und eine passende Struktur gefunden? Dann solltest du jetzt einen ersten Rohentwurf verfassen. Denkst du gerade: »Na ja, das ist gar nicht so einfach. Ich weiß überhaupt nicht, wie ich anfangen soll«? Das ist kein Grund, vorschnell aufzugeben. So wie dir geht es den meisten Menschen. Wenn sie versuchen, ihr persönliches Leitbild aufs Papier zu bringen, haben sie das Gefühl, dass sie das niemals schaffen werden. Warum das so ist?

Schluss mit den Selbstzweifeln!

Ein persönliches Leitbild ist so wichtig für das weitere Leben, dass viele sich beim Schreiben enorm unter Druck setzen. Sie wollen das perfekte Leitbild entwickeln. Sie brüten Ewigkeiten über ihren Ideen. Sie ringen um jedes einzelne Wort. Aber am Ende kommt nichts dabei heraus. Doch dagegen kannst du etwas tun. Vergiss deine Selbstzweifel. Wirf deinen Perfektionismus über Bord. Halt dich an das bewährte alte Motto:

Lieber unperfekt begonnen, als perfekt gezögert!

Sieh es positiv. Mach dir klar: Ein unvollkommener erster Entwurf ist die ideale Ausgangsbasis, um dein Leitbild nach und nach zu verbessern. Denn:

Ein Leitbild ist nichts, was man einfach so über Nacht schreiben kann. Im Gegenteil: Oft sind mehrere Überarbeitungen nötig, um ein stimmiges persönliches Leitbild zu entwickeln.

Bis du eine Version deines Leitbilds gefunden hast, mit der du dich richtig wohlfühlst, kann es eine Weile dauern. Doch irgendwann spürst du:

»Das ist mein Leitbild. Darin finde ich mich wieder. Es bringt klar zum Ausdruck, was ich im Leben sein, tun und erreichen will!«

In 30 Minuten zum ersten Entwurf

Mit der folgenden Methode kannst du in 30 Minuten einen Rohentwurf für dein Leitbild verfassen:

1. Vervollständige den folgenden Satz: **»Der Sinn meines Lebens ist ...«** Schreib dir dann 10 Minuten lang alles von der Seele, was dir dazu einfällt. Verbesser nichts und streich nichts. Wenn es stockt, dann setz den Stift nicht ab. Schreib einfach immer weiter. Leg den Stift erst weg, wenn die 10 Minuten um sind.

2. Nimm dir anschließend 20 Minuten Zeit, um das Geschriebene zu sichten, zu ordnen und gegebenenfalls umzuformulieren.

In einer halben Stunde hast du einen Rohentwurf für dein Leitbild!

Also, hol dir einen Stift und probier es gleich aus!

Entwurf für mein Leitbild

Der Sinn meines Lebens ist

Schritt 4: Entwurf testen

Hast du einen ersten Entwurf für dein Leitbild aufs Papier gebracht? Wunderbar! Dann teste dein Leitbild. Sieh dir die Checkliste auf Seite 118 noch einmal an. Prüf, ob dein Leitbild alle wesentlichen Punkte erfüllt. Schreib auf, was du ändern, streichen oder ergänzen willst:

Bleib dran: Setz deine Änderungen gleich in die Tat um. Ob als Text, als Gedicht, als Song oder als Collage, ob mit oder ohne Zeichnungen, ob kurz oder lang: Verfass dein persönliches Leitbild auf den nächsten Seiten genau nach deinen Vorstellungen.

Schritt 5: Leitbild verfassen

Das ist mein Leitbild

Schritt 6: Feedback einholen

Ob die beste Freundin, ein alter Freund, eine langjährige Arbeitskollegin, ein erfahrener Mentor, deine Partnerin, dein Partner oder ein Familienmitglied: Kopier dein Leitbild. Bitte zwei bis drei Personen, denen du voll und ganz vertraust, um ein offenes, ehrliches Feedback. Ideal ist es, wenn du das in einem persönlichen Gespräch tust, in dem ihr dein Leitbild gemeinsam durchgeht. Halt das Feedback schriftlich fest. Notier dir die wichtigsten Stichpunkte:

....

....

....

....

....

....

....

....

....

....

Was denkst du?

Was denkst du über das Feedback zu deinem Leitbild? Gibt es Hinweise und Anregungen, die du in deinem Leitbild umsetzen willst? Was willst du ändern, ergänzen, weglassen oder umformulieren? Bitte schreib die entsprechenden Punkte gleich auf.

Das möchte ich an meinem Leitbild ändern:

Nun hast du es fast geschafft. Nutz das Feedback, um dein Leitbild in einem letzten Schritt abzurunden. Bring das Ganze auf den nächsten beiden Seiten noch einmal aufs Papier und arbeite alle Änderungen ein. Das erneute Aufschreiben lohnt sich. Denn so kannst du dein Leitbild nicht nur weiter **verfeinern**, sondern auch wesentlich besser **verinnerlichen**.

Schritt 7: Leitbild abrunden

Persönliches Leitbild

von ....

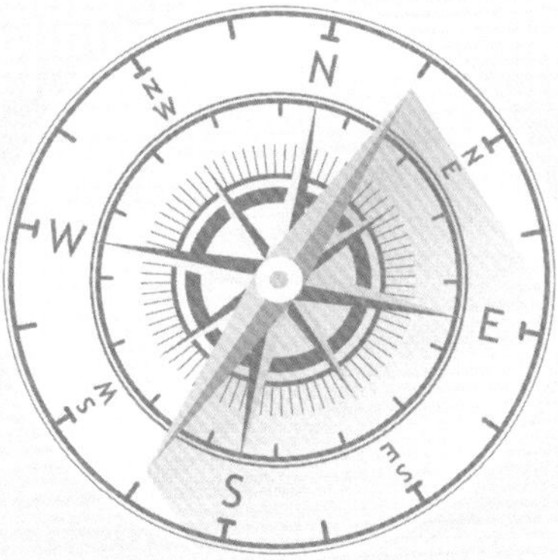
N
NE
E
SE
S
SW
W
NW

14. Leitbild umsetzen: So geht's

Hast du das Leitbild deines Lebens verfasst? Herzlichen Glückwunsch! **Jetzt beginnt die spannende Reise vom Ist-Zustand zum Wunsch-Zustand**. Damit du dein Leitbild im Alltag umsetzen, deine Ziele erreichen und deine Träume verwirklichen kannst, solltest du ganz ehrlich Bilanz ziehen. Mach den Leitbild-Check. Vergleiche dein Leitbild mit deiner aktuellen Lebenssituation. Schreib auf, wo die Diskrepanz am größten ist. Notier dir außerdem konkrete Lösungsideen, wie du die Lücke zwischen Wunsch und Wirklichkeit schließen kannst. Und: Kontrollier regelmäßig, welche Fortschritte du dabei machst.

Mein Leitbild-Check

Wunsch	Wirklichkeit	Lösungsidee

Mach dein Leitbild sichtbar

»Aus den Augen – aus dem Sinn!« Das gute alte Sprichwort stimmt. Aber was kannst du tun, damit du dein Leitbild im Alltag nicht aus dem Blick verlierst? Ganz einfach: Mach dein Leitbild sichtbar! Hier sind einige Ideen für dich:

Lass dein Leitbild rahmen

Druck dein Leitbild aus – am besten farbig und schön gestaltet. Lass es rahmen und häng es an die Wand. Such dir eine Wand aus, die du möglichst oft im Blick hast. Wie wäre es mit der Wand im Büro, im heimischen Arbeitszimmer oder im Esszimmer?

Mach dein Leitbild zum Wandtattoo

Ob Größe, Schrift oder Farbe deines Leitbilds: Mit einem individuellen Wandtattoo sind deiner Fantasie keine Grenzen gesetzt.

Bring dein Leitbild auf den Bildschirm

Wenn du viel mit dem PC oder dem Laptop arbeitest, könnte folgender Tipp interessant für dich sein: Verwende dein Leitbild als Bildschirmschoner. Dann hast du es gleich mehrmals täglich vor Augen. Und: Natürlich kannst du dein Leitbild auch auf den Startbildschirm deines iPads oder Tablets packen.

Nimm dein Leitbild mit

Schreib dein Leitbild vorn in deinen Terminkalender oder kauf dir ein kleines Notizbuch und trag es dort ein. Egal ob in der U-Bahn, im Wartezimmer beim Arzt oder in der Mittagspause: So kannst du immer wieder mal einen kurzen Blick auf dein Leitbild werfen und dir ins Gedächtnis rufen, worum es dir im Leben wirklich geht.

Verteil dein Leitbild überall

Ob als Lesezeichen in einem Buch, als Memo an der Pinnwand im Büro oder als Kühlschrankmagnet: Sorg dafür, dass du dein Leitbild mehrmals täglich zu Gesicht bekommst. Halt kurz inne, lies dein Leitbild durch. Frag dich: »Was kann ich heute tun, um mein Leitbild im Alltag umzusetzen?«

Rückenwind für dein Leitbild

Du hast ja bereits gelesen, wie wertvoll und hilfreich Affirmationen sind. Also, nutze **die Kraft der Affirmationen** als Motivationsschub für die Umsetzung deines Leitbilds. Such dir eine der folgenden Affirmationen aus. Wiederhole diese Affirmation mehrmals täglich. Achte darauf, welchen Effekt das hat. Wie sehr motiviert die Affirmation dich, dein Leitbild umzusetzen?

- Ich bin der Gestalter meines Lebens. Mit meinem Leitbild schreibe ich das Drehbuch meines Lebens neu.
- Ich nutze mein Leitbild als Kompass für mein Leben. Mein Leitbild weist mir den Weg und bringt mich sicher ans Ziel.
- Ich lebe im Einklang mit meinem Leitbild. Ich folge dem Takt meines Herzens. Ich bin ich selbst – und nicht das, was andere aus mir machen wollen.
- Ich folge meiner Bestimmung. Ich investiere meine Zeit, meine Talente und meine Fähigkeiten in die Aktivitäten, die dazu beitragen, dass ich den höheren Zweck und den wahren Sinn meines Lebens erfüllen kann.
- Ich beziehe mich auf mein Leitbild, wenn ich eine wichtige Entscheidung treffe. Mein Leitbild hilft mir, das Richtige zu tun
- Ich frage mich regelmäßig: »Bin ich noch auf Kurs? Bringt mich das Leben, das ich führe, in die richtige Richtung?«

Natürlich kannst du auch deine ganz persönliche Affirmation formulieren. Hast du Lust dazu? Trag sie gleich hier ein:

Meine persönliche Affirmation

Finde dein Lebensmotto

Weißt du, was viele Menschen, die etwas Außergewöhnliches in ihrem Leben bewirkt haben, gemeinsam haben? Sie haben ihr Leitbild in wenigen Sätzen zu einem Lebensmotto zusammengefasst. Das solltest du auch tun. Denn die **Kurzfassung deines Leitbilds** hilft dir, dir deine wichtigsten Werte, Prinzipien und Ziele auch im stressigen Alltag immer wieder ins Gedächtnis zu rufen.

Wie soll dein Lebensmotto lauten?

Überleg dir, wie dein Lebensmotto lauten soll. Trag dein Motto gleich in den Kasten unten ein. Lass dich dabei gerne von den Beispielen auf der nächsten Seite inspirieren. Schreib diese Beispiele aber nicht einfach ab. Verwende bitte auch kein bekanntes Zitat als Lebensmotto. **Finde dein eigenes Lebensmotto**. Ein Lebensmotto, das klar zum Ausdruck bringt, wer du wirklich bist, welchen einzigartigen Beitrag du leisten und was du aus deinem Leben machen willst.

Mein Lebensmotto:

....

....

....

Das Lebensmotto von Menschen, die Spuren in der Welt hinterlassen haben

Ich will bei der Wahrheit bleiben.
Ich will mich keiner Ungerechtigkeit beugen.
Ich will frei sein von Furcht.
Ich will keine Gewalt anwenden.
Ich will in jedem zuerst das Gute sehen.
Mahatma Gandhi

Meine Mission ist, nicht nur gerade so zu überleben, sondern aufzublühen – und das mit etwas Leidenschaft, etwas Mitgefühl, etwas Humor und etwas Stil.
Maya Angelou

Ich möchte nicht wie die meisten Menschen vergebens gelebt haben. Ich möchte nützlich sein oder Menschen Freude bereiten, sogar denen, die ich nie getroffen habe. Ich möchte auch nach meinem Tod weiterleben.
Anne Frank

Ich will den Menschen dienen.
Ich will, dass jedes Mädchen,
jedes Kind ausgebildet wird.
Malala Yousafzai

Bleib auf Kurs!

Erinnerst du dich noch daran, was ich dir ganz am Anfang dieses Workbooks gesagt habe? Du bist 90 Prozent deines Lebens nicht auf Kurs! Aber das ist gar nicht schlimm. Genau wie ein Flugzeug, das unterwegs immer wieder vom Kurs abweicht, wirst du am Ende sicher am gewünschten Ziel ankommen. Ein Pilot hat jede Menge Instrumente in seinem Cockpit, die ihm den richtigen Weg weisen. Zudem gibt es noch den Tower und den Fluglotsen, die dafür sorgen, dass das Flugzeug immer wieder auf den richtigen Kurs zurückfindet. Und du? Du hast dein persönliches Leitbild. Es wird dich – zuverlässig wie ein Kompass – an deinen wahren Bestimmungsort bringen. Damit das gelingt, solltest du die folgenden beiden Punkte beherzigen:

- **Nimm immer wieder Kurskorrekturen vor**
  Sobald der Pilot von seinem Kurs abweicht, bekommt er einen Warnhinweis. Auch du kannst frühzeitig erkennen, ob du noch auf dem richtigen Kurs bist. Das ist leichter als gedacht: Gleich immer wieder sorgfältig ab, ob du dein Leitbild im Alltag auch tatsächlich umsetzt. Ideal ist es, wenn du das mit deiner Wochenplanung verbindest. Dann kannst du direkt dafür sorgen, dass du genügend Zeit für Aktivitäten reservierst, die wichtig für die Umsetzung deines Leitbilds sind.

- **Aktualisier dein Leitbild regelmäßig**
  Dein Leitbild wird dich ein Leben lang begleiten. Doch im Laufe der Jahre werden sich deine Lebensumstände ändern. Deine Prioritäten werden sich ändern und auch deine Ziele und deine Träume. Und das ist auch gut so. Denn ohne Veränderungen sind persönliches Wachstum und individuelle Weiterentwicklung überhaupt nicht möglich. Sobald du merkst, dass dein Leitbild nicht mehr hundertprozentig zu deiner aktuellen Lebenssituation passt, solltest du es überarbeiten. So kannst du sehr gut steuern, dass die Veränderungen in deinem Leben in die richtige Richtung gehen und du der Mensch wirst, der du wirklich sein willst und sein kannst.

Nur Mut: Mach dich auf den Weg!

Ich glaube, jeder Mensch spürt in seinem Inneren, dass sein Leben einen tieferen Sinn hat. Dass es eine Aufgabe im Leben gibt, die nur er erfüllen kann. Deswegen stellen sich auch immer mehr Menschen die Sinnfrage. Allerdings ist die **Suche nach dem Sinn des Lebens** kein neues Phänomen. »Wieso sind wir hier?« Diese Frage stellen sich die Menschen seit jeher. Schon Platon wusste:

> **»Es gibt einen Platz, den du füllen musst, den niemand sonst füllen kann, und es gibt etwas für dich zu tun, das niemand sonst tun kann.«**

Nutz dein Leitbild als Kompass, der dich an den Platz im Leben bringt, der für dich bestimmt ist. Verschieb die Entwicklung deines Leitbilds nicht einfach auf später. Nimm dir JETZT die Zeit für dein Leitbild. Gib deinem Leben einen echten Wert und einen tieferen Sinn. Nur Mut! Mach dich auf den Weg und beherzige die klugen Worte von Mark Twain:

> *»In 20 Jahren wirst du die Dinge, die du nicht getan hast,*
> *mehr bedauern, als deine Taten.*
> *Also, mach die Leinen los, verlasse den sicheren Hafen.*
> *Fang den Wind in deinen Segeln, erforsche, träume, entdecke.«*
> MARK TWAIN

Über Stephen R. Covey

Stephen R. Covey ist eine Legende. Weltbekannt wurde er durch seinen Bestseller **»Die 7 Wege zur Effektivität«**. Mit über 40 Millionen verkauften Exemplaren gelten die 7 Wege als eines der wichtigsten Bücher, die jemals geschrieben wurden. Weitere Erfolgstitel von Stephen R. Covey sind **»Die 3. Alternative«**, **»Der 8. Weg«**, **»Die 7 Wege zur Effektivität für Familien«** oder **»Die 12 Gründe des Gelingens«**.

Das **Time Magazine** zählte Stephen R. Covey zu den 25 einflussreichsten US-Amerikanern. Stephen R. Covey hat Menschen rund um den Globus zu einem sinnerfüllten, erfolgreichen und glücklichen Leben verholfen. Mit seinen Selbsthilfebüchern und Businessklassikern hat er völlig neue Maßstäbe in Sachen Effektivität, Erfolg, Management und Führung gesetzt. Bislang wurden seine Werke in über 50 Sprachen übersetzt.

Stephen R. Covey gehört zu den Mitbegründern von **FranklinCovey**. Heute ist FranklinCovey in über 150 Ländern vertreten und gilt als das erfolgreichste Beratungs- und Trainingsunternehmen der Welt. Im Laufe der Jahre hat Stephen R. Covey Millionen von Menschen – darunter Staatsoberhäupter und Konzernchefs – vermittelt, wie groß die Kraft der Prinzipien ist, von denen die Effektivität und der Erfolg von Einzelpersonen und Organisationen abhängen.

LESEPROBE AUS
DIE 7 WEGE ZUR EFFEKTIVITÄT KOMPAKTAUSGABE
VON STEPHEN R. COVEY

1. WEG: PRO-AKTIV SEIN

Anmerkungen und Anekdoten von Sean Covey

Vor vielen Jahren fragte mein Vater mich, wie es bei mir im Job so liefe. Ich jammerte: »Es ist schrecklich. Ich hab viel zu viel zu tun. Und in der Firma gibt es so viele Intrigen. Ich fühle mich total ausgepowert und der lange Arbeitsweg macht mich echt fertig!« Eigentlich hoffte ich auf ein wenig Mitleid. Aber mein Vater sah mich enttäuscht an: »Mann, Sean, das sieht dir gar nicht ähnlich. Warum gefällst du dir so in der Rolle des Opfers? Organisier deine Zeit so, dass du weniger Stress hast. Die Intrigenspielchen anderer können dir egal sein. Und wenn dich dein langer Arbeitsweg stört, musst du eben umziehen.« Dann drehte er sich um und ging. Ich war sprachlos. Schließlich wurde mir klar: »Er hat recht. Ich mache mich zum Opfer. Ich muss das ändern!«

Wir Menschen schlüpfen gerne in die Opferrolle. Wenn wir nicht aufpassen, gewinnt dieses Gefühl die Oberhand. Dann suchen wir die Schuld für unsere Probleme nicht bei uns selbst, sondern bei anderen – bei unseren Eltern, beim Partner, beim Vorgesetzten, beim Wetter oder beim Staat. Doch:

In Wahrheit sind wir keine Opfer. Wir sind Täter. Wir sind die kreativen Kräfte in unserem Leben.

Wir haben die Freiheit, uns so oder anders zu verhalten. Doch das müssen wir uns immer wieder aufs Neue bewusst machen.

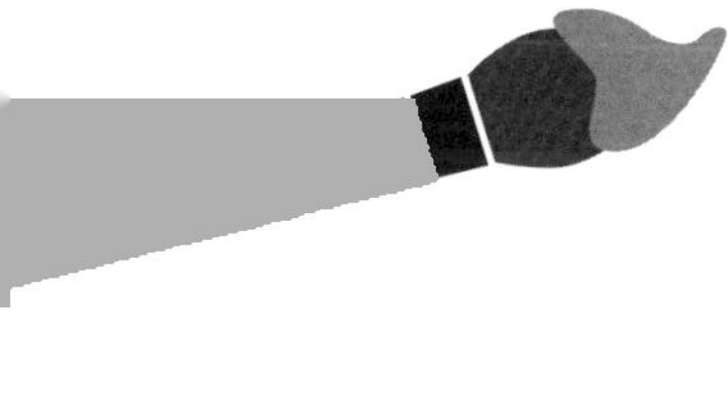

Übernehmen Sie das Steuer in Ihrem Leben

Es hat schon seinen Grund, warum »Pro-aktiv sein« der erste der 7 Wege ist:

Sie können keinen der übrigen Wege beschreiten und keine der anderen Gewohnheiten umsetzen, solange Sie Ihr Leben nicht in die eigene Hand nehmen.

Wir alle treffen täglich Hunderte von Entscheidungen. Dabei geht es letztlich immer darum, ob wir einfach nur reagieren oder pro-aktiv handeln. Vielleicht ist das Wetter schlecht, jemand schickt Ihnen eine unfreundliche Kurznachricht, Ihr Vorgesetzter schätzt Ihre Arbeit nicht, Sie bekommen ein Knöllchen, jemand lästert hinter Ihrem Rücken über Sie oder Sie müssen höhere Steuern zahlen … Und dann? Was tun Sie jetzt?

> Re-aktive Menschen handeln impulsgesteuert. Sie sind wie eine Flasche mit kohlensäurehaltigem Mineralwasser. Wenn das Leben sie durchschüttelt, bauen sie Druck auf – und irgendwann explodieren sie. Pro-aktive Menschen sind da ganz anders. Sie sind wie eine Flasche mit stillem Wasser. Selbst wenn man sie heftig schüttelt, bleiben sie ruhig, gelassen und beherrscht. Sie treffen ihre Entscheidungen auf der Grundlage ihrer Werte. Sie überlegen, bevor sie handeln. Sie wissen, dass sie nicht alles kontrollieren können, was ihnen widerfährt. Aber ihnen ist auch klar, dass sie die Entscheidungsmacht über ihr Denken und Handeln haben.

Für mich umfasst »Pro-Aktivität« im Wesentlichen zwei Dinge:

1. Sein Leben selbst in die Hand zu nehmen.
2. Verantwortung zu tragen und Initiative zu zeigen.

Seien Sie »Täter« und nicht Opfer. Warten Sie nicht darauf, dass etwas passiert. Übernehmen Sie das Steuer in Ihrem Leben. Begnügen Sie sich nicht mit der Rolle des Beifahrers.

€ 19,90 € (D) | 20,50 € (A)
ISBN 978-3-96739-066-7

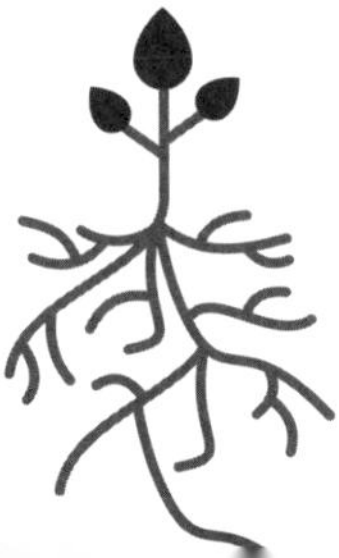